LOCUS

LOCUS

LOCUS

LOCUS

from

vision

from 89 未來在等待的銷售人才
To Sell is Human: The Surprising Truth About Moving Others

作者：Daniel H. Pink
譯者：許恬寧
責任編輯：潘乃慧
美術編輯：蔡怡欣
校對：呂佳真
法律顧問：董安丹律師、顧慕堯律師
出版者：大塊文化出版股份有限公司
台北市 105 南京東路四段 25 號 11 樓
www.locuspublishing.com
讀者服務專線：**0800-006689**
TEL：(02) 87123898　FAX：(02) 87123897
郵撥帳號：18955675　戶名：大塊文化出版股份有限公司

總經銷：大和書報圖書股份有限公司
地址：新北市新莊區五工五路 2 號
TEL：(02) 8990-2588 （代表號）　FAX：(02) 2290-1658
製版：瑞豐實業股份有限公司
初版一刷：2013 年 4 月
初版四刷：2018 年 11 月
定價：新台幣 300 元
Printed in Taiwan

To Sell is Human

The Surprising Truth About Moving Others

未來在等待的銷售人才

Daniel H. Pink 著
許恬寧 譯

在此對賣書人致上謝意，這本書是獻給他們的。

目錄

這世上你唯一擁有的東西，就是你能賣的東西。然而好笑的是，你是個推銷員，卻從不自知。

——劇作家亞瑟・米勒（Arthur Miller），《推銷員之死》（*Death of a Salesman*, 1949）

前言

大約一年前，我一時懶懶的不想做事，於是決定假託反省人生之名，檢視一下自己都做了些什麼。我打開筆電，按了一下五顏六色、時時同步的日曆，試著重建過去兩週自己究竟做了哪些事。記錄裡有我參加過哪些會議、去哪裡出差、吃了哪些東西，以及忍受過哪些電話會議。我試著列出所有自己讀過、看過的東西，以及所有和家人、朋友與同事面對面的對話。接著，我改用數字檢視：七百七十二封寄出的電子郵件、四則部落格貼文、八十六則推特，以及十幾則手機簡訊。

我往後退一步，檢視這些混亂無章的資訊。從某個意義上來說，這些一點一滴自己做過什麼的記錄，其實就構成了我這個人究竟是誰。看著眼前點描畫般的肖像，我嚇了一跳：我是個銷售人。

我沒在展場賣休旅車，也沒在診間跑來跑去，向醫生推銷膽固醇用藥。然而，扣除睡覺、運動和洗澡刷牙的時間後，我發現一天之中有許多時間，我都在試圖勸誘別人和各種資源說掰掰。當然，有時我會試著吸引別人買我寫的書，但大部分我做的事並不直接與收銀機相關。在那兩個星期，我努力勸告雜誌編輯放棄一個愚蠢的報導點子，試著讓一位潛在的事業夥伴加入團隊。另外，我還試圖說服自己擔任義工的一個組織改變策略，甚至說動機場地勤人員把我的座位從靠窗換成靠走道。的確，大部分的時候，我都在向別人尋求資源而非金錢。我能不能成功地讓陌生人讀一篇文章，或是請老朋友幫個忙，或者讓九歲兒子在練完棒球後沖個澡？

你的生活大概跟我的很像。如果深究一下密密麻麻的行事曆，追尋那些待辦事項的源頭，我猜你大概也會發現某些相似點。毫無疑問，部分讀者是眞的在銷售某些東西，像是說服目前與未來的客戶購買意外險、顧問服務，或是農夫市集出售的手工派。不過，各位很可能都在不知不覺中，花了許多時間從事廣義的銷售，像是向同事推銷點子，試著說服出資人，又或者是哄騙孩子。不管你喜不喜歡，現在我們都處於一個銷售的世界。

然而大部分的人聽到我這麼說的時候，完全不能接受。銷售？**胡說八道**。對聰明時髦的人來說，銷售不需要花什麼腦力，只需要老練地到處裝熟，腳穿鋥亮皮鞋、臉帶燦爛笑容四處周旋即可。對其他人來說，銷售就是一群滑頭的人在做狡猾的事——詭計與謊言侃侃而談，誠實與公平只能默默待在一旁。另外還有一群人，則認爲銷售是和掃廁所差不多的白領工作，或許是有必要沒有錯，但不是什麼令人開心的職位，甚至還有點不乾不淨。

我認爲以上看法全都錯了。

這本書要講的是銷售，但並非你以前讀過（或忽視過）的銷售書。不論是在停車場推銷別克車，又或者是在會議上提出點子，銷售的各個層面在過去十年出現翻天覆地的改變，甚至超越前一百年的變化總和。很多我們以爲自己懂的銷售概念，那些基本前提其實早已崩盤。

本書的第一部分提出我們應該重新思考銷售的整體概念。有些人認爲在今日的數位世界，銷售員已死，但我將在第一章告訴你其實不然。光是在美國，九位工作者之中，大約就有一位仍以說服他人購買爲生。他們可能帶著智慧型手機，不再帶著滿皮箱的樣品。他們現在提供的也許是體驗，而不是百科全書。但無論如何，他們從事的工作仍是傳統銷售。

不過更爲驚人的部分則是，九位工作者之中的其餘八人，也從事銷售。他們不會在家具展示場偷偷摸摸從顧客身後冒出來，但其實他們（也就是**我們**）也在從事「非銷售的銷售」（non-sales selling）。我們每天都在說服、取信與影響他人，要他們放棄自己的東西，轉而交換我們的東西。一項創新的工作活動分析發現，我們工作時，超過四成的時間都在試圖影響他人，而且我們認爲能夠影響他人，正是事業能夠成功的關鍵因素。

第二章要探討的重點，則是爲什麼會有這麼多人都在從事影響他人的行業。要瞭解這種現象，關鍵在於瞭解工作場所的三大變化：創業（Entrepreneurship）、彈性（Elasticity）與教育／醫療保健業（Ed-Med）。首先是創業。理論上會讓銷售人員消失的科技，降低了小型創業的門檻，讓更多人成爲賣家。第二則是彈性。不論我們是當家作主的老闆，或是替大型機構做事，大部分的人不會只做一件事，而是必須延伸自己的工作技能。在此同時，這幾乎永遠含括一些傳統上的銷售，以及許多「非銷售的銷售」。最後是教育／醫療保健業。目前全世界成長最迅速的產業是教育服務與健康照護，我把這兩者歸在一起，這個領域的相關工作全都與影響他人有關。

如果你願意接受以上論點，或者願意多讀幾頁，你可能仍難以接受這項結論。推銷的名聲並不好，想想所有電影、戲劇、電視節目裡的推銷員就知道了，他們是貪婪的共犯，也是呆頭呆腦的失敗者。第三章正是要探討這一類的看法，特別是人們認爲銷售主要是騙人矇人的想法。我將帶領大家瞭解權力平衡已經改變，我們已從「買方自愼」（*caveat emptor*）的世界，轉變成「賣方自愼」（*caveat venditor*），誠實、公平、透明常是唯一的可行之道。

接著本書將進入第二部分。我挑選了社會科學的最新研究，探討影響他人最重要的三項人格特質。銷售這一行有一句「ＡＢＣ」箴言：一定要成交（Always Be Closing），但第二部分的三個章節將介紹新型ＡＢＣ：調頻、浮力與釐清（Attunement, Buoyancy, and Clarity）。

第四章討論「調頻」，也就是讓自己能與個人、團體及環境和平共處。我將引用豐富的研究文獻，介紹調頻的三大原則，解釋爲什麼外向的人很少是最佳銷售人。

第五章要探討「浮力」，這種特質融合了勇敢堅決以及正面迎向未來。套一位銷售老手的話來說，每當我們試圖影響他人時，我們都會面對「排山倒海的拒絕」。在這一章，一群人壽保險推銷員以及全世界頂尖的社會科學家將現身說法，告訴大家在銷售之前、之中、之後要怎麼做，才能愈挫愈勇。讀者將會瞭解，爲什麼相信自己所推銷的東西，已經成爲基本的銷售新領域。

我將在第六章討論「釐清」，也就是讓黯淡無光的情境能有意義的能力。不論是傳統銷售或是「非銷售的銷售」，人們一直認爲頂尖銷售員都擅長解決問題，但我將在本章解釋，爲什麼今日更重要的其實是找出問題。說動他人最有效的一個方法，就是找出他們尙不知道自己所面臨的挑戰。本章將教你策展（curation）的藝術，以及如何用聰明的手法，找出你的策展選擇。

一旦「調頻、浮力與釐清」的ABC原則教會你應有的態度後，我們將進入第三部分，也就是我們該做些什麼，這部分是最重要的能力。

第七章將從「推銷」談起。自大樓有電梯以來，企業人士就發展出電梯銷售技巧。

然而今日人們注意力持續的時間愈來愈短（而且所有待在電梯裡的人都在看手機），那項技巧已經過時了。本章將介紹取代電梯銷售的六種手法，以及運用的方法與時機。

當你與世界完美調頻共處，擁有適當的浮力，而且也把一切弄得很清楚之後，銷售還是不可避免會出錯。第八章「即興」將介紹發生這種事時該怎麼辦。你將見到一位經驗豐富的即興藝術家，瞭解爲什麼即興劇院的原則能增強你的說服力。

最後我們來到第九章「服務」。本章將介紹，如果要賦予銷售或「非銷售的銷售」任何意義，必須符合兩項不可或缺的原則：讓事情與「人」相關，以及讓事情有意義。

爲了幫助大家將概念化爲行動，本書第二、第三部分每一章的結尾，都會附上十幾條擷取自全世界最新研究與最佳實務作法的聰明技巧。我將這些工具、訣竅、評估、練習、檢查表與推薦閱讀稱爲「樣品手提箱／模範案例」（Sample Cases），以紀念曾經帶著大包小包產品在各城鎮走透透的巡迴推銷員，也希望諸位讀者讀完本書後，能以更有效的方式影響他人。

不過同樣重要的是，我希望大家也能從全新的角度看待銷售本身。我逐漸瞭解，推銷比我們所想的還要急迫、重要，而且美麗——以其特有的美好方式。有能力說服他人，讓他們交換我們提供的東西，對於我們自身的生命與幸福來說至爲重要。這種能力讓我們這個物種能夠演化，提升了我們的生活水準，也讓我們每天的生活更美好。推銷能力並非爲了無情的商業世界而發展出的某種不自然適應，而是我們生來就是會推銷。

如果我說動了你看下一頁，你將會發現銷售就是人性。

第一部

推銷員重現江湖

1　人人都是銷售人

諾曼・豪爾（Norman Hall）不該在這才對，卻打著領結站在你面前。一個星期二的下午，舊金山商業區一間律師事務所裡，豪爾正在向兩名律師解釋，為什麼她們需要買點東西讓辦公室整潔明亮。

他帶著魔術師的熱誠，從袋裡拿出一支看似黑魔杖的東西。他甩了一下手，然後，噹啷！一支深色雞毛撢子出現了，而且可不是什麼普通的撢子。

「這可是……雄……鴕……鳥的羽毛。」

豪爾用溫和、但鏗鏘有力的語調告訴兩位律師，這支標價二十一・九九美元的撢子是市面上最出色的產品，非常適合拿來清理邊邊角角、百葉窗，以及任何會積灰塵的縫隙。

潘妮洛普・克洛尼（Penelope Chronis）和自己法律及人生中的伴侶伊莉莎白・克瑞河（Elizabeth Kreher），一起開了這家小型移民事務所。坐在桌子後頭的克洛尼瞧了豪爾一眼，搖了搖頭，我們沒興趣。

豪爾接著介紹型號三〇〇的廚房刷，這把白綠色產品堅固又耐用。

她們已經有一支了。

豪爾朝克洛尼的桌子拋出一塊「超細纖維布」，以及一塊「擦了可以讓汽車窗戶與浴室鏡子抗霧氣的布」。

不用了，謝謝。

兩鬢斑白的豪爾今年七十五歲，地中海禿頭，臉上掛著一副保守眼鏡，白色小鬍子已經取代原本的棕色鬍鬚，有點歷盡滄桑。他穿著深棕色褲子、正式的細藍條紋襯衫、栗色V領毛衣，以及一個漩渦領結，看起來像個穿戴整齊又有點古怪的教授。他不會被挫折打敗。

他的大腿上放著一個三孔皮面資料夾，裡頭有二十多頁放在透明封套裡的產品照片。翻到衣物清潔那一頁時，他告訴克洛尼與克瑞河：「只要在丟進洗衣機前先噴一噴，這瓶清潔劑可以去除所有污漬。」兩位律師還是無動於衷，於是他使出了撒手鐧：防蟲除臭塊。「這東西的銷量，超過我目錄中所有產品的總和。」豪爾告訴她們：「不但可以殺蟲、殺蛀蟲，還可以去味。」只要七．四九美元就可以買到。

不了。

最後翻到馬桶刷與清潔劑那一頁時，豪爾微笑著，停了完美的一拍：「妳們會愛上這些東西。」

還是沒有反應。

然而，翻到鋼刷那一頁時，他挑起了一絲興趣，而且那絲興趣很快變成擴散的欲望漣漪。他說：「這些產品很棒，很不尋常。它們是刷墊，卻很不一樣。」每個刷墊都是一根兩〇三公尺長的不鏽鋼絲纏繞四萬次之後所製成，可以掛在洗碗機裡清洗，一盒只要十五美元。

成交。

很快地，豪爾進入一樣比較貴的產品：靜電地毯清掃器。「這東西擁有四排天然鬃毛與尼龍刷，掃過地板時會產生靜電流，木頭地板上的糖粒與鹽粒都會附著在上面。」他解釋：「這是我最喜歡的結婚禮物，」接著又是一個精心抓好時間的小停頓，「這比烤麵包機好太多了。」

那樣產品，克洛尼與克瑞河也買了。

二十分鐘過去後，豪爾翻到家庭目錄最後一頁，在訂單上快速記錄這筆總計一四九．九六美元的生意。他把訂單副本交給克洛尼，告訴她：「希望妳看到這個之後，我們還是朋友。」

豪爾接著又閒聊了一下，然後收好資料夾和袋子，起身離開。「真的十分感謝兩位，」他告訴她們：「明天我會馬上把所有東西帶過來。」

諾曼．豪爾是富勒刷具公司（Fuller Brush）的推銷員，而且不是這家公司普通的推銷員。

他是……最後一個。

如果你目前不到四十歲，或是這輩子沒在美國待過多少時間，可能沒聽過富勒刷具推銷員（Fuller Brush Man），但有點年紀的美國人聽到他們上門時，就會知道自己躲不掉了。他們是銷售軍團，帶著裝滿各式刷具的樣品盒，遊走於中產階級居住地帶。他們會爬上前門樓梯，宣布：「在下是您的富勒刷具推銷員。」然後提供一個叫「便利刷」(Handy Brush）的免費蔬果刷當禮物。很快地，人們稱這個手法爲試著「將一隻腳伸進門裡」。

故事的最開頭要回到一九〇三年。當時一名來自新斯科細亞（Nova Scotia）的十八歲農場男孩阿爾弗雷德・富勒（Alfred Fuller）抵達波士頓，展開職業生涯。富勒坦承自己「是個鄉下土包子，身材高大笨拙，頭腦簡單，幾乎沒上過學」，[1]做過的前三份工作，一下子就被開除了。不過，他的兄弟幫他找到一份桑默威刷具拖把公司（Somerville Brush and Mop Company）的銷售工作，二十歲生日的前夕，年輕的富勒找到自己這輩子要做的事。幾年後他告訴一位記者：「我沒有多少準備，而且據我所知，我在沒有任何特殊能力的情況下就進了這一行，但我發現我很會賣那些刷子。」[2]

富勒挨家挨戶賣了一年桑默威的產品後，開始……嗯……不滿於替他人作嫁（譯註：英文爲bristling，玩了「鬃刷毛」的雙關語），所以他成立了一間小小的工作坊，生產自己的刷子。晚上他監督那間迷你工廠，白天則在街上推銷自己的產品。令他感到神奇的是，那間迷你公司開始成長，等他需要多幾個推銷員擴展新產品與版圖時，他在《人人雜誌》（*Everybody's Magazine*）上登廣告，幾週之內，這個來自新斯科細亞的土包子，一下子擁有兩百六十位新推銷員幫自己拓展一家全國性的企業，而且還成爲文化符號。

一九三〇年代末，富勒的銷售團隊擴張至超過五千人。光是一九三七年這一年，逐戶拜訪的富勒人就送出了一千兩百五十萬支便利刷。根據《紐約客》（*The New Yorker*）的報導，到了一九四八年，八千三百名北美區推銷員「向美國與加拿大兩千萬家庭」銷售清潔用品與刷子。同一年，富勒推銷員（他們都是純佣金制的獨立銷售人員）在美國挨家挨戶拜訪近五千萬次，而當時美國家戶數還不到四千三百萬。若以今日幣值換算，到了一九六〇年代初，富勒刷具已是一間價值十億美元的公司。[3]

除此之外，富勒推銷員還變成大衆文化的一環——無所不在的男 Lady Gaga。迪士尼一九三三年贏得奧斯卡獎的《三隻小豬》（*The Three Little Pigs*）動畫裡，大壞狼如何試著進入小豬的房子？牠把自己假扮成一名富勒刷具推銷員。另外，唐老鴨有一段時間以何維生？牠賣富勒刷具。一九四八年時，當時的好萊塢當紅明星雷德．斯克爾頓（Red Skelton）主演了《富勒推銷員》（*The Fuller Brush Man*），那是一齣荒誕喜劇：一個運氣不佳的推銷員被陷害，必須想辦法證明自己的清白、找出壞人、贏得女孩的心，一路上還得賣幾支威尼斯窗簾刷。兩年後，好萊塢用同樣的劇情，又製作了另一齣幾乎一模一樣的電影，這次叫《富勒女孩》(*The Fuller Brush Girl*)，女主角是更大牌的露西·鮑爾(Lucille Ball)。隨著時間過去，富勒推銷員不只出現在你家門口，還出現在《紐約客》的漫畫、電視脫口秀主持人的笑話，以及歌手桃莉·芭頓（Dolly Parton）的歌詞裡。

富勒推銷員施展的是藝術。《美國傳統》（*American Heritage*）歷史雜誌指出：「從某方面來說，富勒打開門的藝術，受到開門見山法（cold-turkey）銷售行家高度讚揚，就和芭蕾舞迷讚揚波修瓦（Bolshoi）舞團的表演是一樣的。在富勒推銷員靈巧的手中，刷子不再是家庭用品，而是別處買不到的專門工具。」[4] 然而，這位推銷員*也是善良正直的人，常常出現在街坊，就好像社區的一分子。「富勒推銷員幫忙拔牙，頭痛的時候幫忙按摩，還接生嬰兒，給解毒催吐劑、預防自殺、揭發謀殺、協助處理殯喪事宜，還載生

---

*雖然一九六〇年代時，富勒公司曾推出一系列化妝品，招募了一群稱爲「富勒娘子軍」（Fullerettes）的女性推銷員，但公司旗下的推銷員幾乎清一色都是男性。

病的人到醫院。」[5]

富勒刷具推銷員是二十世紀推銷的化身，然而，如同突然有不速之客敲門一般，他們一夕之間消失。不論你住在世界上哪個地方，現在回想一下，上一次有推銷員帶著樣品皮箱按你家電鈴是什麼時候？二〇一二年二月，富勒刷具公司申請美國破產法第十一章重整，然而人們最驚訝的不是富勒宣告破產，而是這間公司居然還在。

不過，諾曼·豪爾屹立不搖。早上的時候，家住加州羅內特公園（Rohnert Park）的他會搭上附近的早班公車，花近九十分鐘的時間抵達舊金山市區，然後在上午九點半開始當日行程，一天走八到九·六公里左右的路，上上下下穿梭於舊金山坡度極大的街道。有一天我陪同一起走的時候，他告訴我：「相信我，這一帶的建築與最好的廁所我都很熟。」

豪爾一九七〇年代開展事業時，舊金山還有其他數十名富勒推銷員。隨著時間過去，那個數字愈來愈小，現在豪爾是唯一撐下去的人。最近他遇到新客戶、介紹自己是富勒推銷員時，對方通常會嚇一跳。人們會說：「不會吧！」一天下午我在一旁的時候，豪爾向一家布店五十多歲的總務主管自我介紹，那人大叫：「真的嗎？我父親是奧克拉荷馬州的富勒推銷員！」（唉，雖然豪爾指出這家店角落擺的拖把也是富勒出品，這位很有希望的潛在客戶卻什麼都沒買。）

四十年後，豪爾有滿車庫的富勒產品，但他本人已經和搖搖欲墜的母公司幾乎沒有什麼關係。他孤身一人，近年來客戶流失，訂單減少，獲利縮減。人們沒時間聽推銷員說話，只想在網路上購物。再說了，刷子？誰要什麼刷子？爲了順應現實，豪爾減少開發客戶的時間，現在一星期只花兩天帶著皮革資料夾，穿梭於舊金山零售商業區。他擺出最後的豬鬃刷、掛上蝴蝶領結時，他知道自己不會被取代。他告訴我：「我不認爲還有人想做這種工作。」

富勒公司宣布破產兩個月後，靠推銷員逐戶推銷起家的大英百科全書不再印製紙本。一個月後，雅芳（Avon）開除了自己的執行長，尋求企業追求者的臂膀來挽救自己。原本，從英國伯明罕到泰國曼谷，都有雅芳女性銷售員在按電鈴。與其說是出乎意料，不如說是這些衰頽現象似乎不可避免。已經唱了多年末日之歌的最後樂章，早已預示推銷的死亡。

這首末日之歌幾乎總是令人想起亞瑟．米勒一九四九年的劇本《推銷員之死》：這年頭，每個人只要隨便按幾個鍵，就能找到他要的東西，推銷員這樣的中介者變得沒有必要。他們只會破壞貿易的齒輪，讓交易變得更慢又更貴。每位消費者可以自己做功課，從社交網絡尋求購買建議。大型公司可以透過複雜的軟體，讓採購程序流線化，並使賣家自相殘殺以獲取最低價格。如同自動提款機削弱了銀行行員的地位，數位轉換器淘汰了電話接線生，今日科技讓男女推銷員變得無足輕重。隨著人們愈來愈倚賴網站與智慧型手機尋找、購買所需物品，推銷員（更不要說是推銷本身）將被掃進歷史的洪流。[6]

毫無疑問，豪爾是最後的推銷員。你還沒讀到本書最後一頁之前，富勒刷具公司可能已經永遠消失在這個世上了。然而，我們不該急著籌備喪禮。所有關於推銷與推銷員的訃聞都不正確。事實上，如果有人要記錄二十一世紀第二個十年的推銷，應該要寫出生通知才對。

推銷員的重生

美國勞工統計局（U.S. Bureau of Labor Statistics）「職業類別就業統計計畫」（Occupational Employment Statistics program）厚厚一本半年期報告裡，藏著一個驚人且十分重要的數據：每九位美國工作者之中，就有一人從事銷售工作。

每一天都有超過一千五百萬的美國人，試著靠說服他人買東西以賺取生活費。[7]他們是不動產人員、產業銷售代表及證券交易員。在全美一萬多個經銷處，他們賣飛機給航空公司，賣火車給市政府，賣汽車給即將成爲司機的人。有些人的辦公室奢華時髦、景觀一流，其他人則待在呆伯特（Dilbert）漫畫描繪的那種枯燥無味的小方格裡。但不管怎樣，無論是數百萬美元的顧問協議或是十美元的雜誌訂購，又或者是介於兩者之間的一切，這些人全處於銷售這一行。

我們可以思考一下以下數據：美國製造業仍爲全球之冠，每年生產價值近兩兆美元的貨物，但美國銷售人員的人數超過工廠工人。美國人很愛抱怨政府有一堆冗員，但美國銷售人員多過聯邦人員總數，比例超過五比一。美國私部門聘用的銷售人員人數，爲美國五十個州政府所有聘用人數的三倍。如果美國的銷售人員全部住在同一州，那一州將是全美第五大州。[8]

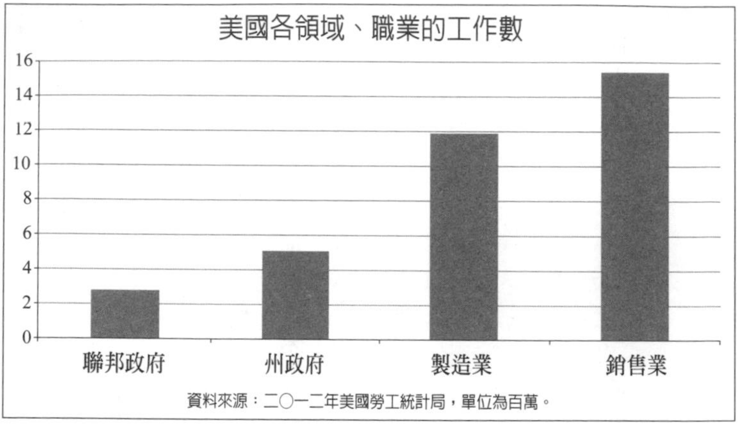

想到過去十年的兩次經濟大地震（全球金融體系的內爆，以及網路無所不在的外爆），全球最大經濟體居然還有這麼多的銷售人員，似乎有點奇怪。的確，銷售工作就像其他工作一樣，受到金融危機拖累。二〇〇六年至二〇一〇年間，就有一百一十萬個銷售工作從美國蒸發。然而，即使歷經了半世紀以來最糟糕的衰退，銷售和過去數十年一樣，仍然是全美勞動力第二大職業別（屈居於辦公室暨行政人員之後）。此外，勞工統計局預估，到了二〇二〇年，還會增加近兩百萬個新銷售工作。網路對於銷售的影響程度，其實不同於許多人的預測。二〇〇〇年迄今的這段期間，寬頻網路、智慧型手機與電子商務攀升，消除了中介銷售人員與推銷的需求，銷售工作的總數卻增加了，美國勞動力投身於銷售的比例維持不變，依舊是九分之一。[9]

不單是美國如此，世界其他地方也是一樣，例如，加拿大的「銷售暨服務業」（sales and service occupations，加拿大的類別範圍較美國廣）占全國勞動力的比例，約略超過二五％。澳洲統計局（Australian Bureau of Statistics）普查資料顯示，約有一〇％的澳洲勞動力屬於「銷售人員」（sales workers）。同樣自有一套職業類別的英國，如果加總銷售相關工作（例如「銷售部暨商業發展經理」〔sales accounts and business development managers〕以及「車輛暨零件銷售員或顧問」〔vehicle and parts salespersons or advisers〕等等），三千萬左右的勞動力之中，約有三百萬銷售人員，算起來和澳洲同爲十分之一左右。整個歐盟的數字則稍微高一些。[10]依據最新可得資料與歐盟統計局（Eurostat）官員的計算，歐盟區兩億多的勞動力之中，約有一三％的人從事銷售工作。[11]

在此同時，依據最新的二〇一〇年年度資料，日本約有八百六十萬的「銷售人員」。以總勞動力六千三百萬換算，這個世界第三大經濟體中，每八名勞工便有一點多人從事銷售工作。[12]印度與中國兩個市場較不發達的大國，難以取得資料。兩國銷售人員的比例，可能小於北美、歐洲與日本，其中部分原因是這類國家有大量比例的人口依舊以務農維生。[13]然而，隨著印度與中國益發富裕，數億人口開始加入中產階級，銷售人員的需求不可避免地將會膨脹。隨手舉一例，麥肯錫顧問公司（McKinsey & Company）預測，印度正在成長的製藥業聘用的銷售代表，二〇二〇年將乘以三倍、擴增到三十萬人。[14]

從以上數據看下來，銷售人員的勢力與人數非但沒有下降，反而是全世界勞動市場的中堅分子。即使先進經濟體已經轉型，從耐久財與重度勞動轉向技術服務與概念發想，它們對銷售人員的需求並未消失。

然而這只不過是故事的開端。

「非銷售的銷售」崛起

這個世界讓統計單位能夠運轉的男男女女，都是現代經濟裡的無名英雄。他們每天蒐集大量資料，孜孜不倦地研究、分析，將數字化爲報告，幫助他人瞭解自身產業、瞭解我們的工作市場以及我們的人生究竟正在發生什麼事。然而這些努力不懈的人民公僕也有心餘力絀的地方，預算、政治，以及最重要的，他們問的問題本身，都限制了他們的工作。

所以，雖然想到每九位美國勞工就有一人從事銷售，可能會讓人有些吃驚，我懷疑這個數字背後的眞相可能更驚人。舉例來說，我自己就不是分類裡的「銷售人員」，但如同本書前言所介紹的，我拆解自己的工作天時，發現自己很多時候是在從事廣義的銷售：說服、影響與取信他人。而且我不是什麼特例。醫生賣醫療給病患，律師賣陪審團判決，教師賣學生專心上課的重要性。創業者爭取資金，作家講甜言蜜語哄騙製作人，教練激勵球員。不管我們的職業是什麼，我們都會向同事簡報，還會向新客戶推銷。我們試著說服老闆多給一點預算，或是請人資部門多給點假期。

然而，這些活動都不會出現在數據表上。

工作與生活之間更爲模糊的地帶也是如此。我們之中有許多人，目前生活中的部分餘暇都在銷售——不論是 Etsy 網站上賣的手工藝品、DonorsChoose 慈善網站上動人心弦的目標，又或者是 Kickstarter 向前衝的計畫都是如此。不論是在臉書網頁、推特帳號，或者是交友網站 Match.com 的個人網頁，我們現在正以驚人的數目與精力在網上推銷自己（別忘了，以上六個網站十年前都不存在）。

傳統概念認爲，經濟行爲最重要的兩種活動是製造與消費。然而今天我們做的許多事，似乎也包括影響他人，也就是我們試圖說服他人割捨自己的資源（包括現金等有形之物，以及精力、注意力等無形之物），好讓雙方都得到想要的東西。然而重點在於，目前沒有資料來證實或反駁這個猜測，因爲沒有任何統計當局問了相關問題。

因此我決定彌補這個空白。我與快速成長的調查資料分析公司 Qualtrics 合作，委託他們調查，試著找出人們花多少時間與精力影響他人。調查內容包括可以視爲「非銷售的銷售」，也就是不涉及要求他人購買的銷售。

這項標題爲「你工作時都做些什麼？」（What Do You Do at Work?）的調查，是一項綜合性調查。我們運用複雜的研究工具，蒐集全世界九〇五七位受訪者的資料。Qualtrics 的統計人員檢視回答、略去無效或不完整的問卷，並評估樣本數與組成是否反映人口結構。由於非美國的樣本數不夠大，無法得出有效的統計結論，我把大多數分析限制在美國七千多位成年全職工作者經調整後的樣本調查結果。最後的統計效度，類似於你可能會在大選期間讀到的大型民意調查公司所做的調查（例如蓋洛普的追蹤調查一般樣本數約爲一千人）。[15]

最後這項調查有兩大主要發現：

一、現在人們工作時，約有四〇%的時間用在「非銷售的銷售」，其中包括無關教人購買的說服、影響與取信。各領域的人每一小時中，約有二十四分鐘花在影響他人。

二、雖然需要花上相當大量的時間，但人們認爲工作的這個面向對於事業能否成功，十分重要。*

以下是更詳盡的說明，以及我們如何得出這些結論：

一開始，我請受訪者回想自己過去兩週的工作情形，找出大部分的時間都在做些什麼。眞是驚人的意外：名單上第一名是閱讀與回覆電子郵件，第二名則是面對面的交談，以及參加會議。

接著，我們請受訪者再深入回想那些經歷的實際內容。我提供一連串的選項，問他們：「不論你是在使用電子郵件、電話，或是面對面的對話，你將多少時間投注於」「處

* 這項調查的完整結論與詳細方法，請見本人網站：http://www.danpink.com/study。

理資訊」、「銷售產品或服務」，或是其他活動？受訪者回答自己大部分的時間都花在「處理資訊」，不過緊追在後的答案是三項「非銷售的銷售」中很重要的活動。近三七％的受訪者回答，他們投注大量時間在「教導、指導或訓練他人」。三九％的人說自己花很多時間「服務客戶或顧客」。還有接近七成的人說他們至少有部分時間花在「說服或取信於他人」。此外，人們花在「非銷售的銷售」的時間，遠比傳統意義的銷售多。我們問他們花了多少時間「銷售產品或服務」時，約有一半的受訪者回答「完全沒有」。

此一調查的後面還設計了另一個問題來探求類似資訊，以評估先前問題的有效性。這個問題提供一個零到一百的「滑桿」，受訪者可以把滑桿往右移來回答百分比。我們問：「你的工作有多少百分比與取信或說服他人有關，好令他們放棄自己重視的東西，轉而交換你所擁有的東西？」

所有受訪者的平均答案是四一％。這個平均數字很有趣，因為很大一群受訪者回答一五至二〇％，另一群較少但同樣大宗的填答則為七〇至八〇％。換句話說，許多人花了一定時間試圖影響他人，不過對一部分人來說，影響他人是最主要的工作內容。我們之中大部分人都是影響者，有些則是超級影響者。

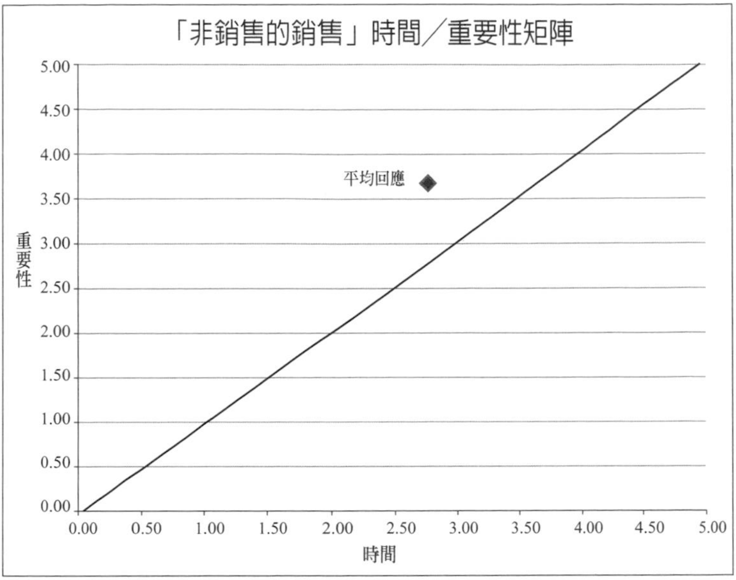

同樣重要的是，幾乎每個人都認爲工作中的這個面向，是他們事業能否成功的最關鍵因素。例如受訪者大部分的時間都在「處理資訊」，然而他們列出工作最重要的任務時，得分較高的是「服務客戶與顧客」及「教導、指導或訓練他人」。此外，儘管大部分人在填答自己如何分配時間時，都把「推銷點子」排在相當後面，但有超過一半的人回答，這件事對自己的事業來說十分重要。

上圖讓我們看到「人們覺得重要的事」，以及「他們實際上做的事」之間，驚人的相互關係。縱軸是調查

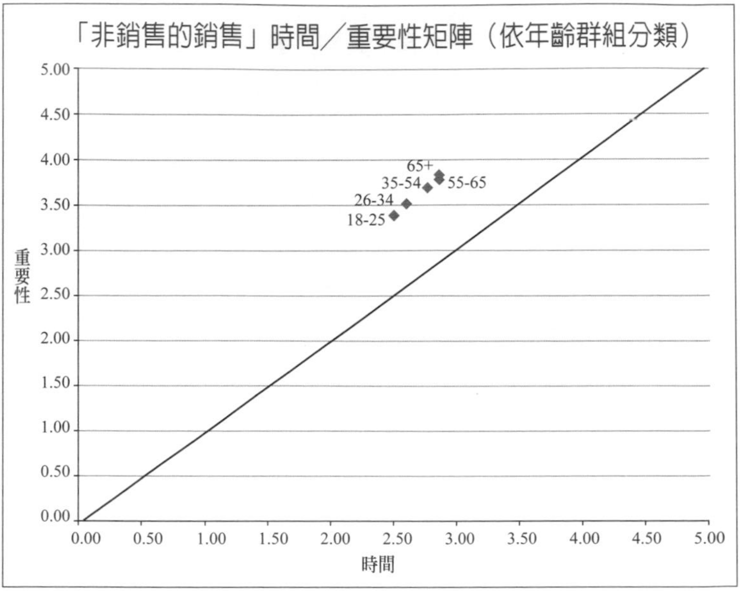

結果的加權指數，代表受訪者認爲各式「非銷售的銷售」工作內容的重要程度。橫軸則是調查結果的指數，代表人們實際上花多少時間在這些工作內容上。把這張圖一分爲二的是一條斜線，代表花費時間與重要性之間的完美平衡。某項活動如果畫在那條線之下，代表人們花時間在不是那麼重要的事情上，理論上應該減少做那件事的時間。如果是在斜線之上，則代表那項活動非常重要，受訪者應該多花時間在那上頭。

讓我們來看一下「非銷售的銷售」落在哪裡。人們花了相當多的時間在

「非銷售的銷售」，其重要性更高。此外，右圖則進一步畫出不同年齡族群的回答，我們可以看出受訪者的年紀愈大（理論上經驗也更豐富），影響他人的部分占他們工作的時間也愈多，影響職場成功與否的程度也愈大。

「你工作時都做些什麼?」這項調查以全世界最大的經濟體爲例，提供了二十一世紀工作場所更爲豐富的圖景。原本的資料顯示，美國人每九人有一人從事銷售工作，但上述新出爐的資料則顯示一件更爲驚人的事：九人之中的其他八人也一樣，他們每天也在影響他人，而且他們的生計要看他們這方面的能力有多強。

不論是傳統的銷售形式，或者是各式非銷售的銷售，我們現在都是銷售人。

豪爾做了近半世紀的事，以及他的富勒前輩在他之前做了超過半世紀的事，我們每個人不知不覺中也正在做。推銷員沒死，推銷員還活著，因爲我們就是推銷員。

這裡有個問題：那是怎麼發生的?我們之中怎麼會有這麼多人其實都在努力影響別人?

2 創業、彈性與教育／醫療保健業

本書第七章將介紹「皮克斯推銷法」（Pixar pitch）。這種推銷技巧源自好萊塢著名動畫工作室皮克斯，具體作法是簡短歸納你想提出的重點，然後用皮克斯影片的敘述架構讓大家瞭解。因此，我在這裡要先用皮克斯推銷法吸引大家閱讀本章，希望能發揮示範作用。

很久很久以前，只有某些人身處銷售業。他們每天都在賣東西，其他人則製造東西，然後大家都很快樂。有一天，這個世界開始改變。大部分的人開始爲自己工作——因爲我們是創業家，突然間我們也成了推銷員。在此同時，大型企業發現劃分工作職能在經濟動盪的年代已行不通；因此，公司開始要求銷售等跨界彈性技能。此外，經濟也在轉型，一眨眼十年之間，數百萬人也開始投身於教育與健康照護。這兩種產業最重要的目的就是影響他人。到了最後，在我們幾乎毫無察覺的情況下，大部分的人最後都身處銷售這一行。

故事簡單來說就是這樣。現在爲了更深入瞭解這個故事，讓我們先來談一談醃黃瓜。

創業

你可能會嘲笑「布魯克林滷汁」（Brooklyn Brine）這樣的企業。這間位於紐約布魯克林區的公司販售手工醃漬蔬菜（不，我沒在說笑），裡頭的員工成天把「薰衣草蘆筍」、「蒜苗」、「素食部落客」這樣的字眼掛在嘴邊。這間公司只有一個老闆、十個員工、十四種醃漬蔬菜，然而這樣的事業正成爲現今經濟中很重要的一環，從各個面向賦予銷售全新的重要性。

我們現在之所以有愈來愈多人在從事銷售，共有三個原因，而布魯克林滷汁體現了第一項：小型企業的興起。

我們思考超大與超小型企業的區別時，通常會想到程度上的不同。根據定義，非常大型的企業營收較多、顧客較多、員工也比較多。除了程度上的分別外，種類的不同也同等重要。小公司的人所做的事，常與大企業有本質上的不同，尤其是大型組織一般倚賴專業分工。兩人公司不需要人資部門，但兩千人的公司一定要有。在較大型的公司，銷售通常是一種專業職能，會有一個部門、一個處室或是專門的職務，由那些人來負責相關事宜，其他人則可以專心做別的事。然而，小公司的經營者則沒有那種餘裕，他們必須一人身兼數職，而且往往同時扮演各種角色，其中一個角色就是銷售。

布魯克林滷汁創始人夏姆斯．瓊斯（Shamus Jones）說自己是「不得已的資本家」。一開始他是廚師，後來對餐飲業幻滅，三年前自立門戶，把從前醃漬季節性蔬菜的工作變成全職事業。他沒有製造、營運或管理方面的背景，一開始起家時，晚上十點到隔天早上八點，他在朋友餐廳廚房裡試驗醃漬蔬菜的食譜。做出口碑後，現在在美國與亞洲高級食品店的貨架上，都可以買到布魯克林滷汁一罐罐的產品。今日，瓊斯的工作是搬運產品與影響他人。他一週工作七天，負責與批發商碰面、告訴他們這間公司的故事，並試圖說服各商店販售他們家的商品。據他所說，他回到自己的工廠兼店面時，工作內容就變成影響員工，好讓員工帶著熱誠與技術做好自己的工作。「我要每個人都快樂，我要每個人都熱情洋溢地上工。」他也希望賺錢，但那不是唯一的重點。「我想要在一家誠實的公司裡做出誠實的產品」。要達到那樣的目標，傳統銷售與「非銷售的銷售」同等重要。一名小型創業家過的正是這樣的生活：他不能只做一件事，而是必須什麼都做，而不可避免地，每件事都與說服他人密切相關。

沒錯，世界經濟裡有許多跨國巨獸。這些公司大到與其說是私人企業，還不如說是民族國家。然而過去十年，小型企業的數目也大幅成長，不只是像布魯克林滷汁一類提供產品的公司，其他販售服務、創意、專業能力的一人或兩人公司也加入了陣營。

思考一下以下數字：

- 美國人口普查局（The U.S. Census Bureau）預估，美國經濟擁有超過兩千一百萬的「無雇主」事業（"non-employer" business），也就是沒有任何薪資人員的事業。這個類別包括水電工、電腦顧問、平面設計師。雖然這些微型企業只占美國國內生產毛額不太大的一塊，但它們現在是美國主要的企業類型。[1]

- 市場研究公司ＩＤＣ推估，三〇%的美國工作者現在是自營工作者。到二〇一五年，全世界非傳統工作者（自由工作者、約聘人員、顧問之類）的人數將達十三億人。[2]成長最劇烈的區域將會是北美，但亞洲同一時期亦會增加六億的個人工作者。
- 部分分析師預測，美國這些獨立創業者在未來幾年間，可能增加六千五百萬人，到二〇二〇年可能成爲美國主要勞動力。其中一個原因是十八歲至三十四歲這個世代的人，正扮演更重要的經濟角色，漸漸發揮影響力。根據尤因・馬里昂・考夫曼基金會（Ewing Marion Kauffman Foundation）的調查，此一年齡層有五四%的人希望或已經開創自己的事業。[3]
- 在法國、墨西哥、瑞典等十六個經濟合作暨發展組織（ＯＥＣＤ）國家，有超過九成的企業目前雇員少於十人。此外，中國、泰國、巴西等國「新興創業人士或新事業自營業者」（nascent entrepreneur or owner-manager of a new business）的百分比，遠高於美國與英國。[4]
- 我們的「你工作時都做些什麼？」調查，設計了一個問題來探討微型企業。今日許多人透過多重管道賺取所得，因此我們問問題時也考慮到此一現象：「你是否替自己工作或經營自己的事業（兼差或副業也算）?」三八%的受訪者回答「是」。

如同《紐約時報雜誌》（*The New York Times Magazine*）專欄作家亞當・戴維森（Adam Davison）[5]所言，考量這些數字後，「與其對著布魯克林那些什麼都醃的文青翻白眼，還不如把他們視爲未來的……經濟嚮導。」哈佛大學教授勞倫斯・卡茨（Lawrence Katz）也同意這樣的看法（卡茨可能是他那一代最傑出的勞動經濟學家），他預估未來中產階級的聘雇不會是受雇於大型組織，而是自給自足的「工匠」（artisan）。[6]

不論我們要叫他們工匠、無雇主事業、自由經紀人（free agent），或者是微型企業主，這些男男女女隨時都在銷售。當然，他們會替顧客包裝醃黃瓜，然而由於他們也負責整體營運，身兼與供應商交涉及激勵員工的工作，不只專注於單一面向，因此他們也是迷人的合作夥伴。他們的產業可能互異，有的販售美食，有的提供法律服務，有的協助景觀美化，但他們的工作都是在影響他人。

事情會如此發展，有一個十分諷刺的基本原因：理論上應該會讓推銷員消失的相關科技，反而讓更多人成爲銷售人。Etsy 是一個小型事業與手工藝品的線上市場。二〇〇五年，這個網站在幾乎沒有外界投資的情況下成立，現在已經集合了八十七萬五千家活躍的線上商店，每年總銷售額超過四億美元。[7] Etsy 出現之前，手工藝人士接觸到買家的能力十分有限，然而網站這項似乎要去除推銷員的科技，卻降低了小型創業者的進入門檻，讓更多手工藝業者自己販售物品。eBay 也是一樣。七十五萬名左右的美國人表示，目前 eBay 上的業務是他們主要的或第二大收入來源。[8] 在此同時，有了 Kickstarter 等網站，許多創業者能以更簡單的方式募集資金。Kickstarter 提供平台，人們能在上面貼出一些基本細節，分享自己的影片、音樂、視覺藝術、時尚等創意計畫，然後把這些點子推銷給出資者。Kickstarter 二〇〇九年成立以來，已有一百八十萬人資助兩萬個計畫，金額超過兩億美元。僅僅三年時間，Kickstarter 已經超越美國國家藝術基金會（U.S. National Endowment for the Arts），成爲全美最大的藝術計畫贊助者。[9]

網路讓更多微型創業家茁壯，然而相較於智慧型手機，網路的整體力量也許很快就會顯得有點老派。一九九〇年代初期發明第一個網路瀏覽器的創投家馬克·安德生（Marc Andreessen）表示：「世人對於智慧型手機革命**還不夠**專注（underhyped）。」[10] 這些手持式迷你電腦的確能夠摧毀銷售的某些面向。消費者可以利用智慧型手機做功課，比較各家商店，完全繞過售貨員。不過智慧型手機也是一樣，總效應帶來的是更多具有創意的銷售，而非摧毀銷售。這種科技讓某種類型的推銷員消失，同時又讓更多人成爲潛在銷售人。舉例來說，智慧型手機的出現，帶來了二〇〇七年之前甚至還不存在的 app（應用程式）經濟（蘋果在同年推出第一支 iPhone）。現在光是美國，app 開發就提供近五十萬個就業機會，而且多數 app 撰寫人都是羽量級創業家。[11] 同樣地，許多新科技都讓個人更容易從行動裝置直接接受信用卡付款（例如推特共同創始人推出的 Square、eBay 的 PayHere、Intuit 的 GoPayment），讓所有擁有手機的人都能開店。

相關數字十分驚人。麻省理工學院《科技評論》（*Technology Review*）指出：「在一九八二年，全世界有四十六億人口，零個手機門號。在今日，全世界有七十億人口，六十億手機門號。」[12] 思科（Cisco）預測，到了二〇一六年，全世界的智慧型手機（容我再次提醒，也就是手持式迷你電腦）將會超越人類數量，總數達一百億，[13] 而且大部分是在北美與歐洲以外的地方，「由中東與非洲等地的……青年導向文化」驅動。[14] 等到那時，不只是東京或倫敦，而是連天津、奈及利亞的拉哥斯（Lagos）等世界各地的人，都把自己的店裝在口袋裡，觸碰一下就能進入全世界的商店；創業家（包括兼差也算）可能就是每個人都在做的事，而不是特例。一個充滿創業家的世界就是銷售人的世界。

彈性

接著是麥克・坎能布魯克（Mike Cannon-Brookes）的故事。坎能布魯克的公司 Atlassian 成立年代早於布魯克林滷汁，也大得多，然而這間公司裡發生的事，和它的小兄弟類似且相關。

Atlassian 靠所謂的「企業軟體」起家，也就是企業與政府用來管理專案、追蹤進度、促進員工協作的大型複雜套件。創辦人坎能布魯克與史考特・法考爾（Scott Farquhar）從澳洲新南威爾斯大學（University of New South Wales）畢業時成立了這家公司。現在共有遍及五十三國的一千兩百位客戶，微軟、紐西蘭航空（Air New Zealand）、三星、聯合國都名列其中，公司二〇一一年營收爲一億美元。然而，不同於其他大部分的競爭者，Atlassian 是在**完全沒有銷售人員的情況下**，賺進 $100,000,000.00。

沒有銷售人員的銷售，聽起來像是證實了人人口中的「推銷員之死」。然而 Atlassian

的執行長坎能布魯克有不同的看法。他告訴我：「我們沒有銷售人員，是因爲，以一種奇妙的方式來說，每個人都是推銷員。」

這就是我們現在所有人都是銷售人的第二個原因：彈性。大型企業要求的技能新廣度。

坎能布魯克認爲「人們買的產品」與「人們賣的產品」有所不同，而他偏好前者。Atlassian 如何培養顧客關係就是一個例子。大部分的企業軟體公司，都會派出公司銷售人員拜訪可能帶來生意的潛在顧客，Atlassian 則不然。潛在顧客最初與這間公司建立關係時，一般始於自行下載產品的試用版，接著，有的顧客會打電話給客服人員問問題。然而，Atlassian 解答問題的員工不像傳統的銷售人員，他們不會用必須立即購買的折扣吸引來電者，也不會糾纏不休要人長期購買。他們只會協助人們瞭解軟體，知道自己具有價值又優雅的協助，可以讓猶豫不決的買家決定下訂單。工程師也是一樣。當然，他們的工作是設計優秀的軟體，但那需要的不只是會寫程式碼而已。他們必須發現顧客的需求，瞭解人們如何運用產品，並且設計出獨特又令人興奮的東西，讓人們受到感召想要購買。坎能布魯克說：「我們試著擁抱一個信念：任何客戶會接觸到的人，其實都是銷售人員。」

Atlassian 的銷售（此處指的是傳統意義上的銷售）不是某個人的工作，而是每個人的工作。這種聽起來矛盾的安排正日益成為趨勢。

Palantir 是一家更為大型的公司，專門替情治單位、軍方、執法單位整合與分析資料，協助打擊恐怖主義與犯罪。Palantir 總部位於加州帕羅奧圖（Palo Alto），全球各地都有辦事處。雖然每年販售超過二·五億美元的軟體，同樣也沒有銷售人員，而是仰賴公司口中的「前沿部署工程師」（forward-deployed engineer）。這些科技專家不負責設計公司產品（至少不是最初始的部分）。他們會四處遊走，直接與顧客互動，確認產品符合需求。一般來說，這種負責處理客戶並確保對方開心的工作，會分配給業務人員或銷售部的某個人。然而 Palantir 的前沿部署工程師主管施洋·桑卡（Shyam Sankar）有一個以上反對那種作法的理由。他告訴我：「那行不通。」

根據他的說法，較為有效的作法是「讓眞正的電腦科學家上陣」，這樣一來，專家就能向待在公司的工程師回報，哪些東西可行、哪些東西不可行，並提出改善產品的建議。他們可以當場處理客戶遇到的問題，而且更重要的是，他們可以在客戶自己都還不知道問題存在之前，搶先發現新問題。與顧客互動處理問題這件事，本身並不是銷售，卻能賣出東西，還能迫使工程師運用科技以外的能力。Palantir 協助工程師獲得更多彈性技能時，並不會提供銷售訓練，也不會強迫新進人員走一遍銷售流程。公司只會要求每位新進員工閱讀兩本書。其中一本是九一一恐怖攻擊事件的非小說類書籍，讀完後，可以更瞭解政府無法理解情報時會發生什麼事。另一本則是英國戲劇導師的即興表演指南，好讓每個人瞭解機靈頭腦與靈活技巧的重要性。*

簡而言之，即使是 Atlassian 與 Palantir 等大型企業的員工，也必須擁有前文醃黃瓜製造者瓊斯的變形能力。從這件事我們可以看出，人們做生意的方式有了重大轉變。組織高度分層時，技能一般是固定的。如果你是會計師，你就負責會計，不必擔心自己領域以外的事，因爲有其他人專精在那些地方。企業情況穩定又可預測時，也是如此。你在某季、甚至是某年的開頭，就知道有多少以及有哪些必須做的會計工作。然而在過去十年，讓人們起而固守固定技能的情境已經消失了。

* 我會在第八章回頭談這本書與即興能力。

過去十年的激烈競爭，已經迫使大部分組織自「分層」轉型爲「扁平」（或至少是更爲扁平）。組織做著和過去同樣（或甚至是更多）的工作，卻以更少的人做更大量、更多元的事。在此同時，一般環境已經從易於預測變成混亂不堪。新科技發明者，以及擁有嶄新企業模式的新興競爭者，每隔一段時間就顛覆各公司，重組整個產業。黑莓機製造商行動研究公司（RIM）某一天是傳奇，接下來有一天就會變成後段班。錄影帶出租店曾是現金牛，直到線上租片公司 Netflix 把這個產業切成腹脅牛排。在此同時，景氣循環如同可怕的雲霄飛車，毫無預警地一下子從無法持久的高點，咻地一聲跌至令人無法忍受的低點。

一個充滿扁平組織與混亂經濟情勢的世界（也就是我們的世界）會處罰固定技能，獎勵彈性。現在個人每天工作時所做的事，必須跨越職能界線。設計師要分析，分析師要設計。行銷人員要創作，創作者要行銷。下一批科技湧現、現今企業模式瓦解時，那些技能將會需要再度往不同的方向延伸。

人們的技能愈來愈具彈性時，一個似乎永遠都會碰觸到的技能類別就是影響他人。舉例來說，瓦萊麗・寇南（Valerie Coenen）是加拿大亞伯達省埃德蒙頓（Edmonton）一間環境顧問公司的陸地生態學者。那份工作需要高階、獨特的技術能力，但那只是最基本的而已。寇南必須向潛在顧客提案，推銷自己的服務，找出她與公司能解決的現有問題與潛在問題。此外她也告訴我：「你還必須能夠在公司內部推銷你的服務。」居住、工作地都在加拿大西部省份的雪倫．特斯（Sharon Twiss）是另一個例子。特斯是內容策略師（content strategist），專門替溫哥華大型組織重新設計網頁。然而她告訴我，不論她表面上的工作要求是什麼，「幾乎我所做的每件事都與說服他人有關。」她平常要說服「專案經理必須先修正某個軟體」，還要請同事遵守網站的風格指南，並且訓練內容提供者「使用軟體以及遵循最佳作法」。特斯甚至還會「努力說服大家今天要去哪裡吃午餐」。她解釋：「一個人的職稱如果沒能賦予他權力或權威，他就得尋求其他方式施展力量。」技能彈性甚至開始重塑工作職稱。小提默斯．施萊佛（Timothy Shriver Jr.）是非營利組織「未來計畫」（The Future Project）的主管，這個組織協助提出有趣計畫的中學生找到成人來指導他們。施萊佛的工作必須橫跨行銷、數位媒體、策略、品牌、合夥等領域，不過他說：「共同點在於讓人們動起來。」猜猜他的職稱是什麼？答案是「行動長」（Chief Movement Officer）。

即使是組織圖上較高層的人，也正在延伸自己的技能。例如我訪問過私人太空運輸公司 SpaceX（Space Exploration Technologies Corporation）的關・修特威爾（Gwynne Shotwell）。我問她，除了營運與管理職務之外，一星期中有多少天要處理銷售事宜，結果她告訴我：「每一天都是銷售天。」

教育／醫療保健業

賴瑞・費拉佐（Larry Ferlazzo）與珍・朱德森（Jan Judson）夫婦住在加州沙加緬度（Sacramento）。他們不醃黃瓜也不寫程式，但他們也代表了未來趨勢。費拉佐是高中老師，朱德森是專科護理師。換句話說，兩人的工作都屬於美國及其他先進經濟體成長最迅速的產業類別。

瞭解世界職場正在發生什麼事的一個方法，就是瞭解人們在做些什麼工作，第一章提到的「美國職業類別就業統計」就是這樣的一種計畫。該計畫一年提供兩次分析，範圍含括二十二種主要職業類別、近八百種職業細項。不過另一種瞭解勞動力目前情勢與未來展望的方式，則是觀察冒出相關工作的產業，因此我們還研究了「每月聘雇報告」

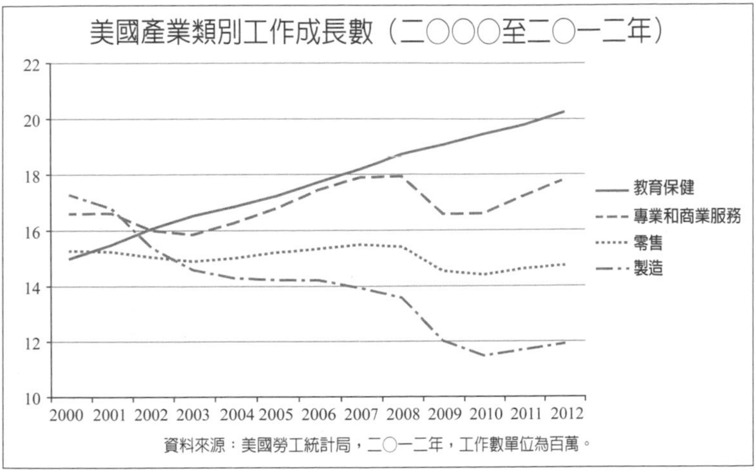

資料來源：美國勞工統計局，二〇一二年，工作數單位為百萬。

（Monthly Employment Report），發現一個相當明顯的趨勢。

上圖描繪出這個世紀目前爲止四大產業發生了什麼事，包括製造業、零售業、專業人士暨商業服務業（professional and business services，包括法律、會計、諮詢等等），以及教育暨健康服務業。

雖然製造業提供的工作數量在過去四十年持續下降，到了一九九〇年代末，美國製造業聘雇的人數依舊超過專業人士暨商業服務業。然而大約在十年前，專業人士暨商業服務業一馬當先，不過只領先很短一段時間，因爲如同火箭般升起的是另一個產業：教育與健康服務，本書合稱爲教育／醫療保健業。這個項目底下涵蓋衆多職業，包括社區大學教師、考試準備公司業主、一般顧問、註冊護理師（registered nurse），目前是美國最大的工作產業，也是世界其他地方成長最迅速的區塊。在美國，教育／醫療保健業在過去十年創造的新工作，遠超過其他產業相加。專家預測在未來十年，光是健康照護工作就會以超越其他產業的雙倍速度成長。[15]

教育／醫療保健業擁有單一核心使命。費拉佐在沙加緬度最大的貧民窟高中教授英文與社會，他告訴我：「身爲教師，我們希望影響他人。」他擔任專科護理師的妻子也說：「影響他人是我們健康照護最主要的任務。」

教育與健康照護通常會讓我們聯想到關懷、協助與其他較爲柔軟的美德，但它們與張牙舞爪的銷售世界擁有的共同點超乎我們的想像。頂尖的銷售要說服他人捨棄資源——不是爲了剝奪，而是要讓那個人最後變得更好。一位好的代數老師也是那樣。學期開始時，學生對於那個科目沒有太大認識，但老師會努力說服班上學生捨棄資源，這裡的資源指的是時間、注意力與心力。如果學生願意奉獻這些東西，學期結束時，他們就會變得比學期初更好。「我從來沒把自己想成推銷員，但我開始瞭解其實我們全都是。」美國路易斯安那州六年級自然教師荷莉・惠特・佩頓（Holly Witt Payton）說：「我向我的學生推銷，我教的自然科學是世界上最有趣的事。」佩頓的確如此堅信。健康照護也是一樣。舉例來說，協助某位病患康復的物理治療師，需要說服那個人交出資源——同樣地，他們需要付出時間、注意力與心力，因爲雖然復健可能很痛苦，相較於保有這些資源，交出來之後會變得更健康。一位不願具名的內科醫生表示：「醫學牽涉許許多多推銷，我必須說服人們做一些相當不舒服的事。」[16]

當然，教學及治療與賣靜電地毯清掃器不同，結果並不一樣。健康且受過教育的人口是一種公共財，這種東西自有其價值，所有人都能受惠。新型靜電地毯清掃器或閃閃發亮的沃倫貝格露營車（Winnerbago）則沒有那麼大效益。此外，過程也可能不同。費拉佐說：「這件事的挑戰在於，如果想影響人們很長一段路，而且是長期影響，我們就必須創造環境，讓他們自己影響自己。」

費拉佐認爲「刺激」（irritation）與「鼓舞」（agitation）有所不同。根據他的分法，刺激是「挑戰人們做我們想要他們做的事」。相較之下，「鼓舞則是挑戰他們做他們想做的事。」費拉佐在執教鞭的過程中發現「刺激沒有用」。刺激或許短期會有效，但要全面深入影響他人，則需要更多東西。不能只是把學生或病患當成棋盤上的卒子，而必須把他們當成棋賽中百分百的參與者。

此一影響他人的原則，必須倚賴一套不同的能力，特別是我將在第四章討論的調頻能力，以及第六章能夠釐清情況的能力。費拉佐說：「這件事與用我的耳朵而非嘴巴來領導有關。你必須引導人們替自己說出目標，並且具備在那樣的情境下規畫塑造未來的彈性。」

舉例來說，二○一一去年費拉佐帶了一個九年級的班級。上完自然災害單元後，他要求學生寫一篇作文，討論他們心中最嚴重的自然災害。其中一名學生（費拉佐叫他「約翰」〔John〕）拒絕做這項作業，而且這不是第一次發生這種事了。約翰的學業成績一向不佳，而且很少寫字，但最終仍然希望畢業。

費拉佐告訴約翰，他也想讓他畢業，但不寫作文的話，那是不可能的。「接著我告訴他，先前幾次和他聊天後，我知道他是橄欖球隊隊員，而且也喜歡橄欖球。」費拉佐說：「我問他最喜歡哪支橄欖球隊時，他看起來有點愣住了，因爲那跟我們正在討論的事情無關，他似乎等著被訓一頓。他回答：『奧克蘭突擊者（the Raiders）。』好，接著我又問他最不喜歡哪一隊？『巨人隊（the Giants）。』」

接著費拉佐要約翰寫一篇作文，討論爲什麼突擊者優於巨人隊。費拉佐說，約翰著手努力，問了「各種經過思考且必要的問題」，最後交出一篇「中上的作文」。接著他又要約翰寫另一篇，這次主題是籃球，以彌補他之前缺交的作業。費拉佐告訴我，沒錯，約翰又交出另一篇相當不錯的作文。

「上星期我們開家長會，約翰所有的老師都在，我給他母親看他寫的兩篇作文時，她哭了出來。她說他上學的九年以來，沒寫過一篇作文。」

費拉佐說，自己「用的是鼓舞法來挑戰約翰想高中畢業的念頭，而且用了耳朵得知他對橄欖球有興趣」。費拉佐的目的不是逼迫約翰寫一篇討論自然災害的作文，而是協助他發展寫作技巧。他說服約翰放棄資源（自尊與心血），而那幫助約翰自己推動自己。

費拉佐的妻子（配上教育的醫療保健「另一半」）也從病患身上得出類似結論。「健康照護的模式是『我們是專家，我們進門就是要告訴你怎麼做』。」但從過去的經驗與實證來看，她發現那樣的作法有其極限。「我們必須自己退一步讓（病患）上船。」她告訴我：「人們通常比我瞭解自己。」因此，爲了讓人們自己推動自己，她告訴他們：「我需要你的專長。」病患自己也是推動過程的一部分時，他們會更快康復，成果也較佳。

健康照護與教育都與「非銷售的銷售」有關，也就是影響、說服與改變行爲的能力，然而在此同時，也要在「別人想要什麼」以及「你能夠提供什麼」之間取得平衡。此一雙產業的興起可能會帶來極大轉變。小說家辛克萊（Upton Sinclair）在一九一〇年左右率先提出「白領階級」工作者此一名詞，四十年後社會學家米爾斯（C. Wright Mills）則讓這個詞彙在專家與一般人口中廣爲流行。然而，人口目前正在老化，需要更多照護。此外，由於經濟情勢日趨複雜，人們需要更多的學習。以上兩種現象，造成一種新型工作者的興起。我們可能進入一種接近「白袍／白粉筆」（white coat/white chalk）的經濟型態，[17]教育／醫療保健業是最主要的產業，核心的謀生方法則是影響他人。

以上一切代表你也身處影響他人的產業，也就是創業、彈性與教育／醫療保健業已經在不知不覺中讓你變成銷售人了嗎？答案是不一定，但你可以回答以下四個問題，找出自己是不是。

1你賺錢的方式是試圖說服他人購買產品或服務嗎？

如果你的答案是「是」，那麼你就是銷售人（不過你大概早就知道了）。如果你的答案是「否」，請見問題2。

2你替自己工作或擁有自己的事業（副業也算）？

如果你的答案是「是」，那麼你就是銷售人——很可能混合了傳統銷售與「非銷售的銷售」。如果你的答案是「否」，請見問題3。

3你的工作是否要求彈性的技能，也就是跨越領域與職能的能力、需要做專長以外的工作，而且一天之中必須做各式各樣的事？

如果你的答案是「是」，幾乎可以肯定你就是銷售人——主要是「非銷售的銷售」，可能偶爾還必須加上傳統銷售。如果答案是「否」，請見問題4。

4你是否身處教育或健康照護行業？

如果答案是「是」，那麼你就是銷售人——正置身於「非銷售的銷售」的美麗新世界。如果這題答案是「否」，前三個問題答案也是「否」，那麼你就不是銷售人。

所以你是哪種人？我猜你和我一樣，不自在地活在原本以爲是給別人住的世界裡，但其實我們也是銷售人。另外，我猜這個發現令你不舒服。我們看過《大亨遊戲》（*Glengarry Glen Ross*）與《錫人》（*Tin Men*）等電影，那一類的故事把銷售描述成一種被貪婪驅使而且建立在犯罪上的東西。我們被滔滔不絕的佣金推銷員逼到角落，必須在虛線上方簽名。即使冠上「非銷售的銷售」等未來主義式的閃亮名詞，銷售的名聲還是不太好。如果不信的話，現在就翻到下一章，讓你看張圖就知道了。

3 從「買方自慎」到「賣方自慎」

人們對於銷售眞正的看法是什麼?爲了找出這個問題的答案,我運用了一種有效、但時常未被充分利用的方法:直接問人。我在「你工作時都做些什麼?」調查中,詢問受訪者以下問題:「想到『銷售』(sales)或『推銷』(selling)時,你第一個會想到什麼詞彙?」

「金錢」是最多人回答的答案,而前十名包括「滔滔不絕」(pitch)、「行銷」(marketing)與「說服」(persuasion)。不過我整理了一下答案表之後去掉了名詞,因爲相關答案大部分是價值中立、與「推銷」同義的詞彙。去掉之後,出現了一個有趣的圖像。

下一頁的「文字雲」,以圖像呈現人們聯想「銷售」或「推銷」相關字詞時,二十

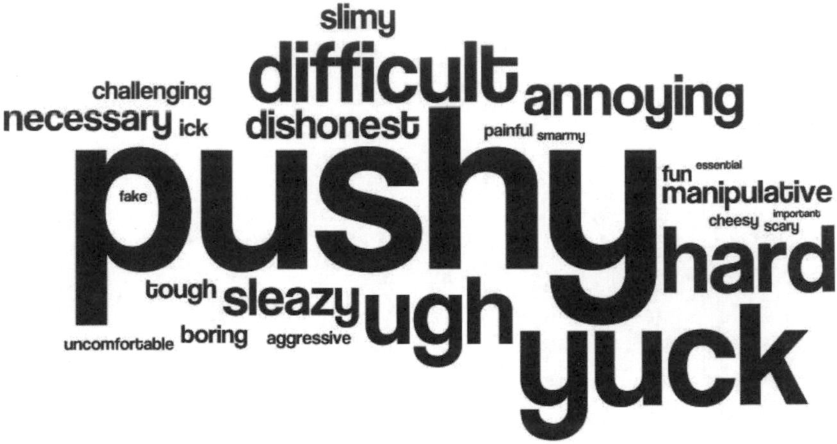

編按：「文字雲」中英文字彙的中文解釋如下：slimy（諂媚）、challenging（具挑戰性）、difficult（難相處）、annoying（惹人厭）、necessary（必要）、ick（真噁）、dishonest（不誠實）、painful（令人不快）、smarmy（奉承）、pushy（死纏爛打）、fake（假惺惺）、fun（有趣）、essential（不可或缺）、manipulative（操縱）、cheesy（廉價）、important（重要）、scary（嚇人）、tough（不屈不撓）、sleazy（下流）、ugh（呃啊）、hard（辛苦費力）、uncomfortable（令人不舒服）、boring（無聊）、aggressive（具侵略性）、yuck（很噁）。

五個最常出現的形容詞或感嘆詞。字體大小代表有多少人回答那個答案，例如「死纏爛打」（pushy）是最常出現的形容詞或感嘆詞（也是所有答案中排名第四最常出現的詞彙），因此字體最爲顯眼。「奉承」（smarmy）、「不可或缺」（essential）與「重要」（important）字體較小，因爲較少被提到。

形容詞與感嘆詞通常包含名詞缺乏的情緒元素，因此可以發現人們的態度。

「銷售」或「推銷」挑起的情緒顯然擁有某種氛圍。二十五個最常被提到的字詞中，只有五個具有正面意涵（「必要」〔necessary〕、「具挑戰性」〔challenging〕、「有趣」〔fun〕、「不可或缺」〔essential〕以及「重要」〔important〕），剩下的全是負面的，並可分爲兩大陣營。部分字詞反映出推銷讓人們感到**不舒服**（「不屈不撓」〔tough〕、「難相處」〔difficult〕、「辛苦費力」〔hard〕、「令人不快」〔painful〕）。不過，最常反映的則是人們的**厭惡**，以「死纏爛打」、「具侵略性」（aggressive）最爲明顯。其他形容詞則隱含欺騙意涵，例如「諂媚」（slimy）、「奉承」（smarmy）、「不誠實」（dishonest）、「操縱」（manipulative），以及「假惺惺」（fake）。

這個文字雲是語言的核磁共振攝影（MRI），照出我們一般人的腦子是如何看待銷售一事。推銷讓許多人不舒服，甚至令人有點作嘔（「眞噁」〔ick〕、「很噁」〔yuck〕、「呃啊」〔ugh〕），部分原因是因爲我們認爲銷售的手法與口是心非、假裝、兩面手法有關。

爲了進一步探討人們的印象，我問了一個比較適合圖像式思考者的相關問題：「想到『銷售』或『推銷』時，你第一個會想到什麼畫面？」（受訪者必須用五個以下的字詞形容他們腦中的畫面。）

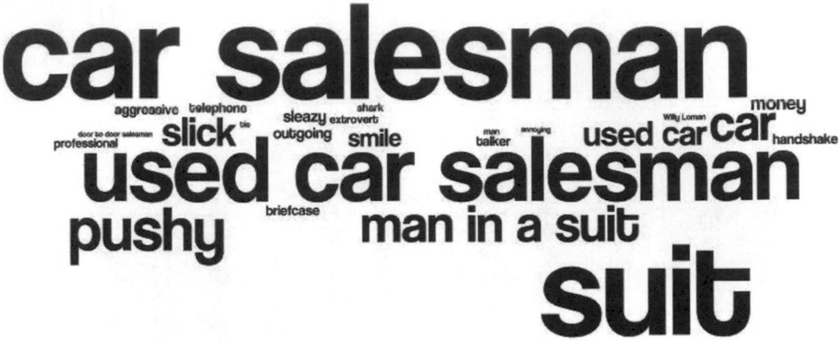

編按：「文字雲」中英文字彙的中文解釋，按字母順序排列如下：car salesman（汽車推銷員）、aggressive（具侵略性）、telephone（電話）、shark（大白鯊）、money（錢）、door to door salesman（挨家挨戶的推銷員）、slick（圓滑）、tie（領帶）、sleazy（低級）、extrovert（外向）、Willy Loman（威利・羅曼）、outgoing（喜愛交際）、smile（微笑）、man（男人）、talker（滔滔不絕的人）、annoying（惹人厭）、used car（二手車）、car（車子）、handshake（握手）、professional（專業）、used car salesman（二手車推銷員）、briefcase（業務箱）、pushy（死纏爛打）、man in a suit（西裝男子）、suit（西裝）。

出乎意料，答案有一個特定模式，而且是壓倒性的多數。大家的回答都是一個男人穿著西裝在賣車，而且通常是二手車。二十五個最常見答案的文字雲如上：

前五名壓倒性的答案是「汽車推銷員」（car salesman）、「西裝」（suit）、「二手車推銷員」（used-car salesman）、「西裝男子」（man in a suit），以及我們的老朋友「死纏爛打」（「車子」〔car〕與「used car」〔二手車〕也分別進入前十名）。人們腦海裡的圖像都是男性，「男人」

（man）這個詞甚至是第二十五名。很少人會用性別中立的「銷售人員」（salesperson），沒有任何人回答「女推銷員」（saleswoman）。許多受訪者強調推銷好交際的面向，例如「喜愛交際」（outgoing）、「外向」（extrovert）、「滔滔不絕的人」（talker）都進了前二十五名。其他人則回答較為比喻式或文學性的意象，包括「大白鯊」（shark；譯註：指不誠實、貪婪的人）、「威利・羅曼」（Willy Loman；譯註：《推銷員之死》中的主人翁）。有些人則忍不住提供了「圓滑」（slick）、「低級」（sleazy）與「惹人厭」（annoying）等形容詞。

以上兩塊文字雲放在一起，可以幫助我們戳破最普遍的推銷迷思（不管是哪種形式的推銷）。首先是第一個圖像所隱含的看法：推銷很討厭，因為全在騙人。這些看法的問題不在於看法本身有什麼錯，而在於這種看法令人遺憾地過時了。要瞭解這點，就得抽絲剝繭解析第二個圖像。

爛車與其他糟糕物件

時間回到一九六七年，第一年在柏克萊加州大學執教的經濟學教授喬治・艾克羅夫（George Akerlof）寫了一篇十三頁的文章。他運用二手經濟理論與幾個等式，檢視少有經濟學家敢涉足的商業世界一角：二手車市場。年輕的艾克羅夫投稿的頭兩家學術期刊，都拒絕刊登他的論文，理由是它們「不登主題如此瑣碎的文章」。[1]第三家期刊也拒絕了他的研究，不過理由不同。這次審稿者沒有說他的分析無足輕重，而是說解讀有誤。最後這篇論文寫成兩年後，終於被《經濟學季刊》(*The Quarterly Journal of Economics*)接受，一九七〇年刊出，題目是〈「爛車」市場：品質不確定性與市場機制〉（The Market for 'Lemons': Quality Uncertainty and the Market Mechanism）。艾克羅夫的文章後來成爲過去五十年間經常被引用的論文，二〇〇一年贏得諾貝爾獎。

艾克羅夫在這篇論文裡指出傳統經濟思維的弱點。大多數經濟分析的開頭，都假設交易牽涉的各方都是擁有完整資訊的參與者，他們會依據自身利益做出理性決定。蓬勃發展的行爲經濟學開始質疑該假設的第二部分（我們都會依據自身利益做出理性決定），而艾克羅夫則瞄準第一部分（我們擁有完整資訊），並利用二手車市場來進行他口中的「手指運動，以解釋與發展」[2]自己的看法。

艾克羅夫說，爲了簡潔易懂，他將待售車輛過度簡化爲兩個類別：好車與爛車。爛車（美國人稱爲「檸檬車」〔lemon〕）顯然比較沒人要，理論上應該比較便宜，然而麻煩的地方在於，如果是二手車，只有賣家才知道那輛車是檸檬還是桃子（譯註：英文的「桃子」〔peach〕指特別好的東西）。交易雙方面臨「可得資訊不對稱」[3]的情境，一方擁有完整資訊，另一方則至少部分被蒙在鼓裡。

不對稱的資訊會帶來各種令人頭疼的事。如果賣家知道的產品資訊比買家多，當然買家會心存懷疑。賣家隱瞞了什麼？我被騙了嗎？如果這輛車這麼棒，爲什麼他要賣？結果就是買家可能只願意付很少的錢，或者完全放棄購買這輛車的念頭。然而，艾克羅夫提出理論，認爲這個問題可能會繼續延伸。萬一我有一輛用過的車，我知道這是輛好車，而我決定出售。結果買家對待我的方式，就像他們對待其他賣家一樣，把我當成一個推銷爛車的人。品克這傢伙隱藏了什麼祕密？他是不是在騙我們？如果這輛車那麼好，他幹嘛要賣？一種結果是我這個賣家接受低於那輛車價值的價格；另一種結果則是我就算了，連賣都不想賣。「不誠實的交易容易將誠實的交易驅逐出市場。」艾克羅夫告訴我們：「希望典當壞商品的人容易讓正當生意退出市場。」而且他說的不只是汽車。同樣的邏輯也能應用在保險、信貸或個人勞力。誠實賣家退出後，剩下的就是不擇手段的傢伙與騙子——穿著西裝、帶著一堆垃圾、利用低級手段死纏爛打黏著你的男人。**真**

噁。

當然，個人與機構也想出辦法，讓艾克羅夫的貿易圖像不那麼令人退避三舍。賣家會提供貨品保證書，品牌也能提供某種程度的品質保證，立法機關也通過「檸檬法」以保護消費者。不過最重要的是，潛在購買者得到了提醒。賣家知道的比買家多時，買家必須小心。不意外的是，今日美國、歐洲、亞洲的人常常只認識以下兩個拉丁字：在資訊不對稱的世界，最高指導原則是 *caveat emptor*，也就是「買方自慎」。

艾克羅夫發人深省的研究，讓經濟學家及其他人重新看待個人交易與整體市場。以同一例子爲模型，讓我們來試一試另一個智力的手指運動。想像一下一個並非資訊不對稱、而是更接近資訊勢均力敵的世界，也就是買家與賣家取得相關資訊的管道差不多。如果是這樣，那會發生什麼事？事實上，你不需要想像那個世界，你就生活在其中。

回到二手車的例子。在今日的美國，如果一個人想買車（假設她想買二手的日產千里馬〔Nissan Maxima〕好了），在甚至還沒接觸過任何賣家之前，就可以先做功課武裝自己。她可以上網，找出離家某個半徑範圍內有賣那種車的多數地方，得到衆多選擇。接著她可以詢問社交網絡或瀏覽網站，找出每個賣車地點的評價以及先前的客戶是否滿意。如果是個人賣家，她可以花個十五分鐘用搜尋引擎確認那人是否可信。她可以上線上論壇，看看目前擁有千里馬的人覺得那個車款如何。她可以上 Kelley Blue Book、Edmunds 或 AutoTrader.com 等網站，找一找二手千里馬價格多少。看到喜歡的車之後，她可以用車輛識別碼（Vehicle Identification Number）到搜尋引擎上查一下，快速找出那輛車是否出過車禍或大修過。當然，賣家如果不誠實，還是缺乏保障，但如果她碰到黑心交易或是最後不滿意，除了跟鄰居發牢騷外，她還可以公告周知，包括臉書上好幾百個朋友、所有的推特關注者，以及自己部落格的讀者。讀到她遭遇的人，可能還會將事件公布在自己的其他社交網絡，讓賣家比較不能再度欺騙。以上這些二手車的現象，也能延伸到其他所有市場。

今日的買家並不像許多經濟模型的理想假設，能夠「充分得知資訊」，但他們也不是從前資訊不對稱的不幸受害者。那就是爲什麼不能說第一個文字雲有誤，只能說是過時。人們認爲銷售代表諂媚、圓滑、低級，其實這一切和銷售活動本身比較不相關，而是與銷售通常發生在什麼情境有關。然而，那種情境雖然長期以來都是如此，卻在快速消退中。

原本的平衡已經有所改變。如果你是個買家，擁有的資訊與賣家一樣多，還能講價，你就不是唯一需要小心的一方。在一個資訊對稱的世界，新的最高指導原則是 *caveat venditor*，也就是「賣方自慎」。

找出你的「科瓦斯基」

喬・吉拉德（Joe Girard）就像是從第二個文字雲裡蹦出來的人物，準備好用盡一切手段，在今天下午把你拉進一輛雪佛蘭邁銳寶（Chevy Malibu）。他是世界上最頂尖的推銷員。我之所以知道，是因爲那是他告訴我的。他寄給我幾頁《金氏世界記錄》證實自己的成就，一家大會計公司也證實了他的說法。吉拉德曾經在一年內，在底特律美洛禮雪佛蘭（Merollis Chevrolet）賣出一千四百二十五輛車，而且不是團購，是一次賣一輛，一個人、一個人地賣：整整一年的時間，每一天都能賣出好幾輛車。這是相當了不起的成就。

他是如何辦到的？

他在《我的名字叫 Money：全世界最偉大銷售員的成功故事》（*How to Sell Anything to*

Anybody）一書中，揭露自己的祕訣，書皮宣稱：「已狂銷兩百萬冊！」此外，他也和全世界的聽眾現場分享自身經驗：「我可以保證，一旦你瞭解並遵循我的方法後，你也能成功。」[4]

書裡的中心立論是「吉拉德的兩百五十定律」（Girard's Rule of 250）——我們每個人生活中都有兩百五十個熟到可以邀請參加婚喪喜慶的人。只要你接觸其中一人，讓那個人喜歡你並且跟你買東西，他就能讓你連結到他的兩百五十人生活圈。同樣地，那些人也會做一樣的事。這樣一連串擴散下去，就會影響到更多的人。吉拉德建議我們盡一切所能拉到潛在主顧，以「塡滿摩天輪的椅子」。人們向我們購買東西之後，暫時讓他們下摩天輪一陣子，然後讓他們變成你的「獵犬」（birddog），之後他們每幫你介紹一筆新生意，就付他們五十美元。書裡是這麼寫的：「一台喬．吉拉德賣出的雪佛蘭不只是一台車，而是我、客戶、他的親朋好友、他共事的人，所有人串在一起的整體關係。」[5]

哎呀，許多吉拉德推薦用來建立那種關係的技巧，會招來第一個文字雲裡令人生厭的形容詞。舉例來說，如果潛在客戶提到他們最近去過某個地方度假，吉拉德會告訴你他也去過。「因爲不管那個人去過哪，我也去過，就算我根本沒聽過那個地方也一樣。」

吉拉德在書中說：「外頭有許多人，可能是好幾百萬人聽過我，而好幾千人跟我買過東西。他們以爲自己知道我很多事，因爲我知道他們很多事。他們以爲我去過黃石國家公園，他們以爲我在密西根特拉佛斯城（Traverse City）附近捕過鮭魚，他們以爲我有一個阿姨住在塞爾福里奇空軍基地（Selfridge Air Force base）附近。」[6]隨你挑吧，看是「不誠實」、「奉承」還是「呃啊」。

吉拉德還用了三段頗長但精采的篇幅，描述他打電話給不認識的潛在客戶時最喜歡用的手法。他會先從電話簿裡挑一個名字然後打過去。

一個女人接了電話。我告訴她：「哈囉，科瓦斯基（Kowalski）太太您好，我是美洛禮雪佛蘭的喬．吉拉德。我只是想通知您們，您們訂的車到了。」記住：這是陌生電訪，看著電話簿，我唯一能確定的只有對方的名字、地址與電話號碼。這位科瓦斯基太太不知道我在說什麼，她告訴我：「我想您打錯電話了，我們沒有訂什麼新車。」我問她：「您確定嗎？」她說：「很確定。有的話我先生會告訴我。」我說：「等一下，請問這是克拉倫斯．J．科瓦斯基先生的家嗎？」「不是，我先生叫史提夫。」……「啊，科瓦斯基太太，眞是抱歉，我居然在這個時間打擾您，您一定在忙。」

但事情還沒結束，吉拉德讓這位太太繼續說話，好讓自己能夠撒餌。

「科瓦斯基太太，您們該不會剛好想買一輛新車吧？」如果對方知道自己家想買車，她很可能會說「是的」，不過一般人會這樣回答：「我沒聽說過這件事，但您應該問我先生。」太好了，那正是我想聽的答案。「這樣啊，請問他什麼時候在家？」然後她會說：「他大約六點會到家。」很好，我得到我想要的資訊了。「好的，科瓦斯基太太，那我晚一點再打來，如果您確定我不會打擾到兩位吃晚餐的話。」我會等著她告訴我，她們家大約要到六點半才會吃晚餐，然後我會謝謝她。

接下來，吉拉德會進入下一階段。

這下子你知道我六點時會做什麼了吧。沒錯。「哈囉，科瓦斯基先生，我是美洛禮雪佛蘭的喬．吉拉德。我今天早上和您太太聊過，她建議我這個時候打過來。不曉得您有沒有興趣買一輛新的雪佛蘭？」對方回答：「沒有，至少暫時還沒有。」所以我問：「那麼您覺得什麼時候可能會想買新車呢？」我會直接問，然後對方會想一想，告訴我一個答案。他那樣答也許只是想擺脫我，但不管他爲什麼要那樣說，很可能都是眞心話，因爲比起編造謊言，說實話比較容易。他告訴我：「我猜可能大約六個月後我會需要一輛新車。」於是我結束這通電話：「好的，科瓦斯基先生，到時候我再聯絡您。喔，對了，請問您現在開的是什麼車？」他告訴我答案，我謝謝他然後掛斷。[7]

吉拉德把科瓦斯基先生的資料建檔，也在行事曆上記下到時候要打電話過去，然後進行到名單上的下一個名字。吉拉德的書寫道：「解決完簡單的之後，如果你繼續找，還會發現更多的科瓦斯基。」[8]

吉拉德找到夠多弄不清楚狀況的科瓦斯基，變成世界上最厲害的推銷員，然後退出這一行，開始教授銷售技巧。他的例子可能證實了資訊不對稱以及隨之而來的不光彩手法，依舊好好地存在於這個世界上，然而吉拉德還有一件事是你應該注意的。其實自一九七七年以來，他沒有真正賣過半輛車。他在三十多年前就已經離開那一行，跑去教別人如何銷售（負責查核他辦公室的勤業衆信〔Deloitte & Touche〕寄給我的記錄證明核發於一九九一年，時間涵蓋一九六三年以後的十五年）。吉拉德的技巧可能會在一九七〇年代中期發光發熱，但在二〇一〇年代中期，那些技巧有點像是閣樓裡被遺忘的舊箱子。畢竟在現今這個年代，科瓦斯基太太已經開始工作，家裡也會有來電顯示，以防堵電話騷擾。如果推銷員攻陷了家裡的防線，她也會快速解決對方，像是之後 google 他的名字，告訴臉書朋友那天晚上她接到一通怪電話。

某個下午我打電話聯絡吉拉德*，請教他自從他最後一次在展場推薦一輛車之後，銷售的世界有什麼樣的轉變。他堅持沒有轉變。網路效應？他告訴我：「那是垃圾，我不需要那種沒用的東西。」如今消費者擁有豐富的管道可以取得資訊，那點如何改變了

---

* 吉拉德本人及其辦公室多次拒絕面對面訪談。

銷售程序？「完全沒變，只有一種方式。就是我的方式。」如果他今日再度披掛上陣，還能像在一九七〇年代那樣成功嗎？「給我九個月，我會統治全世界。」

憑良心說，吉拉德提倡的許多東西今日依舊有理，歷久不衰。他堅決擁護售後服務。在一次談話中，他告訴我：「服務，服務，服務。」他提到的有效推銷是我聽過最清楚的格言：「人們想從他們喜歡的人那裡得到公道的交易。」然而更全面來看，他的世界觀與手法像是士兵被困在孤島的那種老電影：主角仍在戰鬥，因爲他還沒聽說戰爭已經結束了。

譚美．達維什（Tammy Darvish）則是對照組。吉拉德在底特律賣雪佛蘭時，她還在念小學，但現在則是美國東岸最大汽車集團 DARCARS（DARCARS Automotive Group）的副總裁。如果她的豪宅可以當成指標，那麼汽車業對她來說是一門相當好的生意。一天下午，我和她一起坐在她占地一．三九公頃的宅邸裡，光是門廳，就可以當作很棒的籃球場。達維什一頭深色頭髮垂在肩膀附近，身材嬌小，態度和善，有一點半熱切（不過她的「熱切」似乎很自然，而「半」則是努力出來的）。調查裡人們想到銷售時腦海會浮現的景象，沒有半個人提到「女性」（her）。

達維什以老派的方式進入這一行：她父親在華盛頓特區擁有一間汽車公司，而她本人自密西根州密德蘭市諾思伍德大學（Northwood University）畢業取得汽車行銷文憑後，面對衆人不信任的眼神從基層做起，先當初階銷售顧問。當時她是個二十歲的女性，身處幾乎都是男性的世界，更不要說還是老闆的女兒，但她工作的第一個月銷售量就擊敗同事，被選爲當月最佳推銷員（譯註：原文強調她榮獲的頭銜是最佳「男推銷員」〔salesman〕）。接著第二個月她再次擊敗衆人，就此一帆風順。

近三十年後，資訊不對稱的情況減少後，反倒重新塑造了她的事業。從前，汽車客戶會開車前往一家家的經銷商，盡量蒐集情報。「今日客戶出現在我們面前之前，早已做好大部分的相關功課，而且很多時候他們知道的比我們多。」她說：「我大學畢業時，車子的工廠發貨單鎖在保險箱裡。我們不知道〔自己所賣車子的〕成本，而今日客戶會告訴我。」

買家知道的比賣家多時，賣家不再是資訊的保護者或提供者，而是策展人或說明人——他們幫助買家釐清大量的事實、資料與選項。達維什告訴我：「如果顧客有任何問題，我可以說『我們來上 Chevy.com』，然後一起找出答案。」

達維什知道「人們去找賣車的人時，他們覺得會看到一個穿格子衫與聚酯纖維褲的人」。然而，如同那些有問題的時尚選擇已經過時，令人不舒服的相關作法也是一樣。的確，我們觀念中的銷售，很多並非源自銷售本身，而是長期以來定義了銷售環境的資訊不對稱。一旦不對稱消失、翹翹板重新平衡後，每件事都會顛倒過來。舉例來說，DARCARS有一項很不尋常的政策，他們很少雇用有經驗的推銷員，因爲這樣的推銷員可能已經學到壞習慣或老派觀點。同樣地，達維什認爲許多銷售訓練課程「有一點呆板」，可能會讓人變成銷售機器，只會依據提示背誦銷售台詞，還會逼顧客做決定。「我們讓新人進公司，然後給他們上一週與銷售無關的訓練課程。我們會談客戶服務與社群媒體。」

最重要的是，一個人要能在這個已經改變的天地裡有效銷售，需要的將不是過去刻板印象中的油嘴滑舌、裝熟或偷偷摸摸把錢弄走。達維什最看重的人格特質是不屈不撓，以及兩個文字雲中都沒有出現的字詞：同理心（empathy）。

達維什告訴我：「你沒有辦法訓練一個人在乎他人。」對她來說，理想的銷售員會問自己：「如果今天坐在那裡想得到服務或買車的人，是我自己的媽媽，我會做什麼決定？」這聽起來很崇高，可能也的確陳義過高，但這就是今日賣車的方法。

吉拉德這樣的人讓我們必須活在一個「買方自慎」的世界，而達維什今天還能在市場上生存而且欣欣向榮，則是因爲她靠的是「賣方自慎」。

資訊不對稱的情況減少並沒有終結所有形式的說謊、欺騙，以及其他偷雞摸狗的事。看一看華爾街、倫敦金融區或香港最新金融詐欺案，就能佐證這個不幸的事實。產品很複雜（有誰知道信用違約交換〔credit default swap〕到底是什麼嗎？）再加上潛在報酬驚人時，有些人會努力維持資訊不平衡，有些人還會選擇完全的欺騙。那種事是不會變的。只要擁有缺陷與可能犯錯的人類還在這個星球上行走，「買方自慎」依舊是有用的指導原則。我自己就很留意這個原則，你們也應該要小心。然而，少數人選擇低級的路線，不代表多數人會做同樣的選擇。當賣家不再擁有資訊優勢、買家卻擁有武器及回應的機會時，走低級的路線就會變成一種冒險。

「賣方自慎」延伸的範圍遠遠超過汽車銷售，而且重新改造了多數影響他人的情境。以旅遊業爲例，古早時代（十五年前）旅行社人員壟斷資訊，肆無忌憚的業者可以超收費用，隨便對待自己的客戶，但現在再也不能做這種事。今日一個有筆電的母親就能像專業人士一樣，查到機票價格、旅館價格及評價。或者像是找工作推銷自己時，你再也無法控制所有關於自己的資訊，你會挑出部分資訊放在自己的銷售文件裡（履歷表），而今日公司也許仍會看履歷表，但如同CNN的報導，公司還會「瀏覽你的LinkedIn與臉書介紹，閱讀你部落格裡血腥的細節，還會上google找出更多關於你的事，好事壞事全包，而且是一次搞定。」[9]

「賣方自愼」的新規則也支配新興的教育／醫療保健業。今日一個能夠上網的中學生如果有心，就能比他的老師更瞭解伯羅奔尼撒戰爭（Peloponnesian War）的起因，或是如何製作數位影片。醫師曾被視爲專業知識的權威施予者，但現在病患可能先調查自己的病，帶著一堆研究還有療法上門。今日的教育與健康照護專家，再也不能倚賴資訊不對稱常提供的表面權威。平衡點傾向相反一方時，做事內容與做事方法便必須改變。教育／醫療保健業，小心了。

兩個星期六的故事

史提夫・肯普（Steve Kemp）是一個穿西裝賣中古車的男人，他擁有的「SK汽車」

（SK Motors，「人人奔馳！」〔Where everybody rides!〕）馬里蘭州藍罕（Lanham）店，位於馬里蘭五六四號州際公路旁一處缺乏特色的地點，同一條路上還有一座溜冰場與浸信會懷恩堂（Grace Baptist Church）。肯普是老派生意人，興致高昂，氣色紅潤，身材魁梧，隸屬地方扶輪社一員，車廠還提供附近一間學校當月優良教師免費的洗車美容服務。ＳＫ汽車也是個老派的地方，柏油停車場上大約停著五十輛二手車，從ＳＬ賓士到現代 Elantra 都有，還插著起跑旗，一旁則是充當辦公室、一層樓高的五房小型建築。

在一個陽光普照的星期六早晨，推銷員法蘭克（Frank）與韋恩（Wayne）坐在迎賓室喝咖啡，等著第一位客人上門。星期六向來是一星期中最忙的一天。法蘭克是語調溫和的非裔美國人，今年七十四歲，但看起來像五十五。他自一九八五年起就在賣車了。韋恩年紀跟他差不多，是個頭戴棒球帽、身穿格子衫的好辯白人。

停車場上有一個穿著大衣的老菸槍，旁邊站著他二十多歲骨瘦如柴的兒子。兒子英勇地嘗試留了鬍子，身穿寫著地方電廠名字的夾克。年輕人需要一輛車，他本來看上一輛車齡三年的日產 Altima，但付不起一萬六千五百美元，所以改選一輛跑過十八萬八千多公里的一九九三年福特 Escort。他試了一下車，法蘭克則坐在前座，然後他們回到迎賓室商量這筆交易。

年輕人填了貸款申請書，史提夫的助手吉米（Jimmy）拿著表格走向自己的辦公室。辦公室裡有一台電腦，全公司共有兩台。吉米上網確認年輕人的信用記錄。哇塞，那份信用報告看起來像是警局的罪犯資料，年輕人有一堆催款記錄，而且還曾付不出錢、讓好幾輛車被追回，其中一輛就是向ＳＫ買的。法蘭克召來史提夫，他們商量了一下，史提夫走了進來。

他在我耳邊低語：「我們現在處於協商的階段。」

什麼？

他再度輕聲解釋：「如果我們這樣您願意嗎？如果我們那樣您願意嗎？」

史提夫願意提供貸款：如果年輕人先付一千五百美元的訂金，可依ＳＫ的二四％標準利率取得貸款，另外車子還要加裝追蹤裝置。如果這樣那樣的話，還願意嗎？年輕人沒錢付訂金，轉身離去。

又來了兩位顧客，都是隨便看看。

午餐時間則來了一個頭戴牛仔帽的高大男子，夾克上印有傑克丹尼威士忌（Jack

Daniel's）的標誌。他想找一輛便宜的車（每個進來的人都一樣），最後相中一輛三千七百美元的焦橘色Acura。他和法蘭克試了車，回來時已經準備購買。法蘭克沒說什麼，在一旁不插手。討價還價後，價格降到三千二百美元，然後牛仔帽男就把車開走了，時間是下午一點。這是SK汽車今天成交的第一筆生意。

下午兩點時，韋恩趴在桌上睡著了。

大約下午四點，史提夫賣了一輛二〇〇三年、跑過十一萬兩千多公里的道奇Stratus給一位幫青少年兒子買車的婦女。那天傍晚拉下鐵門時，SK汽車一共賣了兩輛車。

在另一個星期六，我去了另一間中古車停車場——馬里蘭羅克維爾（Rockville）的CarMax汽車大賣場。這家店與SK汽車在地理上相距約四十八公里，形式上則差了好幾光年。這地方光是**客戶**停車場停的車就比SK的待售車輛多。柏油路上等著賣出的車輛一眼望不盡，整個地方像是機場的停車場，還用英文字母分區，幫助人們辨認自己身處何方。大辦公室嗡嗡嗡忙碌不已，像是低瓦特數的證券交易所——二十多張桌子，四十多名推銷員，還有一大堆客戶。

然而，最大差別不在於大小或噪音，而在於資訊。在SK汽車的那個星期六，似乎沒有一位客戶在上門前，做過最基本的價格、競爭者或車輛品質調查，然而這星期在CarMax，大約有一半客戶手上拿著家裡帶過來的列印資料，其他人則不停點著智慧型手機與 iPad。如果還需要上網，可以使用 CarMax 提供給客戶的一大排電腦。SK 汽車的顧客選擇有限，他們信用不佳到願意忍受監控裝置與天一般高的利率，公司依舊可以自資訊不對稱之中獲利。CarMax 的企業模式則正好相反。

CarMax 一九九三年起步時，希望重新打造美國人購買二手車的方式。二十年後，這間公司名列財星雜誌五百大企業（Fortune 500），每年賣出超過四十萬輛車，年營收超過九十億美元。[10] 打從一開始，CarMax 就試圖改變第一塊文字雲的傳統手法，例如公司替每輛車都定了固定價格，不需要討價還價，顧客就比較不用擔心被擁有較多資訊的賣家敲竹槓。此外，CarMax 的推銷員大都穿著上頭印有公司標誌的藍色 polo 衫，而非穿西裝打領帶。他們的薪水完全來自佣金，但佣金不是依據車輛價格決定。賣出一台價格低廉的車和一台昂貴的車，他們拿到的錢是一樣的，因此你比較不用擔心死纏爛打的推銷員硬要推銷某輛車的理由，是對他自己的荷包有利而非對你有利。最後一點則是，CarMax 可說是「吐出資訊」。既然所有客戶靠自己就能找出一輛車的車況或車史報告，

CarMax 乾脆免費提供。艾克羅夫教授在一九六七年提到的可以說明商品品質的保固、檢驗證明、保證書等等，CarMax 全都提供。

不過，一走進店內，就可以明顯感受到 CarMax 的不同。每位推銷員都坐在一張小桌旁，他們坐一邊，客戶坐一邊，桌上都有一台電腦。一般情況下，賣方會看著電腦螢幕，買方會看著電腦的背面，但這裡的電腦面對的不是賣方也不是買方，而是放在買賣雙方能同時看到螢幕的位置。這是名副其實的資訊對稱景象。

不用討價還價，佣金是透明的，而且客戶擁有資訊。再一次，這一切聽來發人深省。也許確實是，不過那不是這種新手法會存在的原因。

原因在此：我在ＳＫ汽車的那個星期六，一整天總共來了八位顧客。在 CarMax 的那個星期六，來客在頭十五分鐘就超過那個數字。

如同前文所述，「買方自慎」已經變得和「賣方自慎」一樣重要。不論你身處傳統銷售或「非銷售的銷售」，低級的路線現在已經較難通行，誠實、直接、透明的高級路線則變得更開闊、更可行、更能長遠。

然而，由於其他迷思，我們都是銷售人的概念仍然會讓一些人不安。我很快在這裡解釋一下。

第一個迷思是推銷員都是笨蛋。富勒刷具的創始人富勒提及他的銷售團隊時說：「我們似乎不太喜歡天才。」[11]這個迷思是聰明人都跑去當工程師或律師，而那些ＩＱ鐘形曲線落在較不理想部分的人，則投向認知馬力需求少很多的銷售。*事情並非如此。本書的第二與第三部分將會解釋，簡單交易事務能被自動化及資訊對稱取代不對稱之後，影響他人就需要更爲複雜的技巧，所需的腦力與創意不下於設計房子、判讀電腦斷層掃描或是寫一本書。

第二個錯誤看法以及爲什麼有些人會那麼討厭銷售，則是守財奴迷思：要當成功的銷售人，就必須貪得無厭；而且成功最好的辦法（可能還是唯一的方式），就是變成投錢才會運作的販賣機。讓我再次強調，事情並非如此。對於新手來說，「非銷售的銷售」和錢一點關係都沒有，特別是教育／醫療保健業等領域更是如此。許多研究也顯示，即使對於傳統銷售中大部分的人來說，錢也不是動力。[12]此外，如同接下來第九章結尾的「樣品手提箱／模範案例」所示，好幾間公司之所以能夠增加銷售，竟然是因爲去除了佣金制度以及**不強調**錢的重要性。

最後一點則是許多人抱有「這是與生俱來」的迷思，就連我自己開始幫這本書找資料之前，也這麼以爲：有些人具有銷售天分，有些人沒有。有些人天生就很會打動他人，其餘的我們則沒那麼幸運。這裡，我們要挑戰一個似是而非的說法。沒有所謂「天生的」推銷員，其中部分原因是我們**都是**天生的銷售人。就因爲我們是人，我們每個人都擁有推銷直覺。也就是說，每個人都能掌握影響他人的基本方法。本書接下來將教你怎麼做。

---

* 呆伯特的漫畫以及其中常出現的「行銷黃鼠狼肯尼」（Kenny the Sales Weasel），很能說明這種看法。一則漫畫中，肯尼和呆伯特去見公司最大潛在客戶。上車後，肯尼說：「等一下在路上，告訴我公司產品所有技術規格，我要有最充分的準備。」呆伯特回答：「我們的產品是米色的，需要用電。」肯尼大叫：「哇！我的腦子超載了！」

第二部分

如何成爲銷售人

4 調頻

一九九二年依據大衛．馬密（David Mamet）普立茲與東尼獎得獎劇本改編的同名電影《大亨遊戲》中，米契與莫瑞（Mitch and Murray）地產仲介公司破舊的芝加哥辦公室裡，有四個三流推銷員。這些推銷員最近業績不太好，因此在一個大雨滂沱的黑夜裡，位於商業區的老闆們派出西裝筆挺的冷血掠食者布萊克（Blake），逼迫他們使出渾身解數。

在電影裡一個經典的銷售場景，年輕的亞歷．鮑德溫（Alec Baldwin）飾演的布萊克教導那些中年男子如何銷售。他的教學從嘲笑開始，他質疑他們的男子氣概，不停嘲弄謾罵。接下來，他改採恐懼策略。「你們都知道，頭獎是一輛凱迪拉克，有誰想看二獎嗎？」他拿出一盒東西，「二獎是牛排刀組。」他停頓了一下。「三獎則是你被開除了。」

大家都瞭解了嗎？」

布萊克最後以老套的銷售訓練結束他的高談闊論。他將一面綠色黑板轉過來，指著上頭三個字母「A－B－C」，解釋那代表Always Be Closing，一定要成交，一定要成交。」

「一定要成交」是銷售大教堂的基石。成功的推銷員就像所有類型的成功獵人一樣，追捕獵物時從不網開一面。他們的每句話、每個動作，一定都有一個目的：把交易推展至終結——你的終結，以及如同布萊克所說的，讓桌子對面的那個人「在虛線處簽名」。

「一定要成交」這句話簡明易懂，而且英文恰好可以排成字母ABC的順序，容易背誦。此外，這句話可以是具有建設性的意見，讓賣方即使是在一筆交易的最初與中間階段，也能專注在最後的結尾。然而，這個建議的有效程度正在消滅，因爲這句話依據的情境正在消失。只有在某些人是銷售人，也就是買家面對最少的選擇與資訊不對稱時，「一定要成交」是合理的建議。然而，當所有人都在銷售這一行、沒有人占有多少資訊優勢時，布萊克的處方似乎就過時了，一如電動打字機及米契與莫瑞公司隨處可見的翻頁名片卡（Rolodex card）。

新情勢需要新指引。因此在本書第二部分，我將介紹如何影響他人的新ABC守則：

A——**調頻**（Attunement）

B——**浮力**（Buoyancy）

C——**釐清**（Clarity）

調頻、浮力與釐清：這三項源自社會科學豐富研究發現的特質，是在二十一世紀的新地貌中有效影響他人的新必要條件。本章將從調頻（A, Attunement）談起。爲了幫助讀者瞭解這項特質，讓我先提醒大家思考一下另一個字母。

權力、同理心與變色龍

現在花點時間做以下活動。如果旁邊有人的話，彬彬有禮地請他借你三十秒：「首先，用你慣用的那隻手，用最快速度彈指五次，接著同樣以最快速度，用慣用手的食指在額頭上寫一個大寫的英文字母E。」我是說眞的，趕快行動，我會等你（如果房間

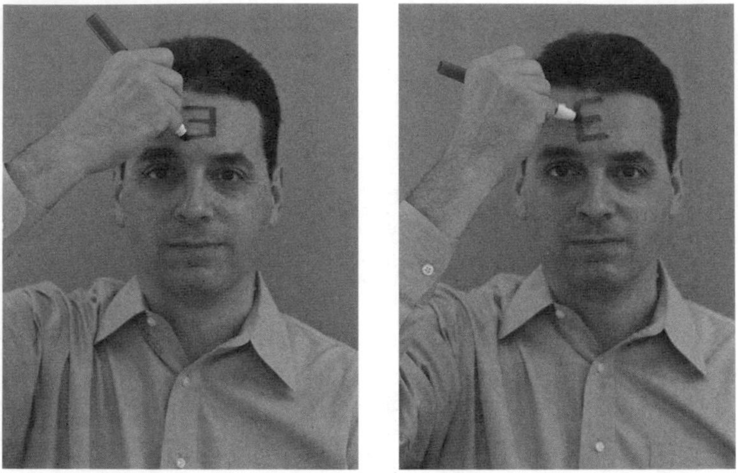

裡只有你一個人的話，把這個練習收在後口袋，下次有機會就拿出來用）。

現在看一看對方是如何寫他們的E。他們的寫法是上面的左圖還是右圖？

兩者的差別似乎無關緊要，但額頭上的字母提供了一扇窗，可以看進那人的內心。如果他們的E像左邊那個E，那個人寫的字母是給自己讀的。如果是像右邊那個E，他寫的E是要給**你**讀的。

自一九八〇年代中起，社會科學家開始運用這個被稱爲「E測試」（E Test）的技巧，以測量他們口中的「觀點取替」（perspective-taking）。面對牽涉他人的不尋常或複雜情境時，我們會如何理解發生的事？我們會只從自己的角度檢視嗎？還是我們擁有「踏出〔我們〕自身經驗的能力，想像另一個人的情緒、觀點與動機？」[1]

「觀點取替」是今日影響他人第一項重要的基本特質。調頻這種能力能讓一個人的行爲與觀點，與他人及所處環境和平共處。這有點像是調整收音機，有能力隨著周圍情況所需往上或往下調頻，即使那些訊號一開始並不清楚或不明顯。

研究顯示，有效的觀點取替（使自己調整到他人的頻道上）取決於三項原則：

一、欲終取之，必先予之

幾年前，西北大學凱洛格管理學院（Northwestern University's Kellogg School of Management）由亞當·格林斯基（Adam Galinsky）帶領的一群社會科學家，試圖找出「觀點取替」與權力（power）之間的關係。他們將參與者分成兩組，兩組唯一的差別在於，即將開始主要實驗前各自經歷了什麼。一組先完成一系列會增強權力感的練習，另一組則做另一套強調他們缺乏權力的不同活動。

接著研究人員讓兩組人都進行「E測試」。測試結果十分明顯：「高權力（high-power）

參與者寫的Ｅ是給自己看的比例，爲低權力（low-power）參與者的三倍。」[2] 換句話說，即使只接受到極小劑量權力感的人，也會變得比較不可能（或者比較沒有辦法）讓自己調頻至他人觀點。

現在，在自己身上嘗試另一個測驗，這個測驗不需要任何人的額頭。想像一下你和同事瑪麗亞去了一家高級餐廳，那家餐廳是瑪麗亞的朋友肯尼推薦的，結果糟透了，食物臭酸，服務更是讓人不敢領教。第二天瑪麗亞寄給肯尼一封電子郵件，上面只寫了一句話：「那間餐廳眞棒，棒透了。」你覺得肯尼會如何解讀那句話？他會覺得那封郵件很誠懇，還是在諷刺他？繼續往下讀之前，先想一想你的答案。

在一個相關實驗，格林斯基團隊利用類似情境，從另一種角度檢視權力與觀點取替，並且發現與「Ｅ測試」類似的結論。擁有高權力感的參與者普遍認爲，肯尼會覺得那封電子郵件是在諷刺，低權力者則預測他會覺得那封信很誠懇。誰才是對的？很可能低權力組是對的：不要忘了，肯尼並不知道他們吃晚餐時發生了什麼事，除非瑪麗亞平常就是個愛諷刺的人（實驗並沒有提及這一點），肯尼沒有理由懷疑朋友不誠懇。要推論瑪麗亞的電子郵件是在諷刺，需要倚賴肯尼並不擁有的「特別背景知識」。如同研究人員下的結論：「權力會讓個人過度守在自己的有利位置，無法適應他人觀點。」[3]這些研究成果（還有其他更多相關研究）指向同一個結論：權力與觀點取替間此消彼長的關係。權力可能讓你無法確切調頻，還會弄亂你接收到的訊號，扭曲訊息，掩蓋住較爲細微的部分。

這個發現對於理解如何影響他人來說，有著巨大重要性。牌都在賣家手上時（不論是電器行佣金制的推銷員，或者是辦公室裡掛著執照的醫生），能夠從他人觀點出發的能力就沒那麼重要了。他們的資訊優勢（那項資訊可能是某台時鐘收音機可不可靠，或是處理萊姆病病患的經驗），讓他們能夠利用權威指揮一切，有時甚至會脅迫或操縱。然而，隨著資訊優勢開始消退，資訊帶來的權力也在消失。因此，能夠影響他人的能力，現在要靠權力的反方：理解他人觀點，進入那個人的腦袋，從他的眼睛來看世界。要好好做到那點，必須從一個會讓你被「米契與莫瑞一定要成交銷售學校」趕出去的地方出發：假設你是那個**無**權的人。

柏克萊加州大學達契爾・克特納（Dacher Keltner）以及其他人所做的研究顯示，位階低的人比較願意從別人的觀點出發。克特納在一次訪談中解釋，自己擁有的資源較少時，「你會比較能與周遭環境調和。」[4] 把這個第一調頻原則當作說服的柔道：將表面的弱點化爲實質力量。面對他人時，先假設自己是比較弱的那一方，讓自己更爲精準瞭解他人觀點，然後這點便能幫助你影響他們。

不過，不要誤會了。能夠影響他人的能力，不是要你變成一個容易受影響的人，也不是要你像聖徒般無私。如同第二原則將要說明的一樣，調頻比那複雜。

二、用你的心，也要用你的腦

社會科學家時常將「觀點取替」與「同理心」（empathy）視爲異卵雙胞胎——關係密切但不完全一樣。「觀點取替」是一種認知能力，主要與思考有關。「同理心」則是情緒反應，主要與感受有關。兩者都很重要，但格林斯基教授、法國楓丹白露歐洲工商管理學院（INSEAD）的威廉·邁達克斯（William Maddux），以及其他兩名同僚發現，在影響他人方面，其中一個比較有效。

二〇〇八年有一項實驗，研究人員模擬加油站買賣的談判。如同眞實生活中的許多協商，這項實驗提出看似障礙的點：買家願意出的最高價格，低於賣家願意接受的最低價格。然而，買賣雙方也擁有共同利益。一旦共同利益浮出水面後，可以出現讓雙方都接受的交易。其中，三分之一的協商者被要求想像另一方的**感覺**，另外三分之一的人被要求想像另一方的**想法**（剩下的三分之一是控制組，沒有特殊指示）。最後的結果呢？同理心組比控制組多成交許多筆交易，但觀點取替組成績更佳：七六％的人達成雙方都滿意的交易。

另一個協商情境也有類似結果。該情境涉及招募人員與應徵者之間更爲棘手、更爲互相衝突的議題。這次觀點取替組成績更好，而且不僅是對自己好，也對協商夥伴好。格林斯基和邁達克斯寫道：「採取對手的觀點能帶來更多共同的好處，還能帶來更有利的個人結果……觀點取替者達到最高層級的經濟效率，但又不必犧牲自己的物質利益。」在此同時，同理心也有效，但程度較低，而且「有時候還會導致讓雙方無法發現顧及自身利益的創意解決辦法」。[5]

傳統銷售與「非銷售的銷售」時常涉及看似衝突的原則——合作vs.競爭、團體利益vs.個人利益。過於咄咄逼人會造成反效果，特別是在「賣方自慎」的世界。然而，過於深入感受也不一定是答案，因爲你可能犧牲掉自己的利益。觀點取替似乎能夠達成適當的中間程度，讓我們調整與調頻自己，讓雙方最後都得到更好的結果。同理心可以幫助我們建立長遠關係、減少衝突。一位著名醫師說，在醫療情境下，這「關係到更少的醫療錯誤、更好的療癒、更滿意的病患……更少的醫療過失訴訟，以及更開心的醫師」。[6] 此外，同理心本身很有價值，也是一種美德，然而，如果是要打動他人，觀點取替是異卵雙胞中較有效的一個。如同研究者所言，最終「進入人們的腦子，會比進入他們的心帶來更多好處」。[7]

這項調頻的第二原則，也代表體認到個人並非以隔絕於群體、情境及環境的原子單位存在。此外，訓練「觀點取替」能力時，除了要針對自己本身，還必須針對與他人的關係及連結。過去十五年間自成一格的「社交網絡分析」研究，揭露出這些關聯、關係與資訊流。[8] 然而，在大部分的銷售情境，我們沒有深入研究的餘裕，也沒有社交網絡分析師使用的高級軟體，因此必須減少對衛星導航系統式指令的依賴，多加觀照自己身處何方的直覺。在服務生的世界，這種調頻能力被稱為「抓到眼神」（having eyes）或「判斷桌子」（reading a table）。侍者可以馬上解讀群體動態，並據此調整自己的風格。放在研究影響他人的世界來看，我稱這種能力為「社交製圖」（social cartography）。這是一種評估情勢的能力，也是在心中畫出一張人們彼此如何相關的圖畫。

軟體供應商 Varicent Software 是一家耀眼成功的多倫多公司，最近剛被ＩＢＭ收購。創始人丹．史莫曼（Dan Shimmerman）說：「我在每個銷售場合都會做這件事，這對我來說十分重要。你不僅要深入瞭解與決策相關的每個關鍵人物，還要瞭解他們每個人的偏見與偏好。心智地圖可以給你完整的圖像，讓你將適當的時間、精力與努力分配到對的關係上。」史莫曼指出，社交製圖（在腦海裡畫那張圖）可以確保你在過程中不會遺漏關鍵當事人。「要是你花了一年時間試著把東西賣給瑪莉，最後發現戴夫才是做決定的那個人，你會嘔死。」

儘管如此，調頻不只是一種認知練習。如同以下第三原則所述，調頻還包括實體元素。

三、策略性模仿

人類是天生的模仿者，我們常在不知不覺中，做出其他人所做的事，像是模仿他們的「口音與說話模式、面部表情、外顯行為，以及情感上的回應」。[9] 我們正在聊天的對象如果交叉雙臂，我們也會做相同的動作。我們的同事喝了一口水，我們也會喝。我們注意到這樣的模仿時，通常會抱持負面觀感，嗤之以鼻爲「有樣學樣」（譯註：原文爲「Monkey see, monkey do.」，字面意思是「猴子看，猴子做」）。我們會笑那些像「人猿」一樣模仿他人行爲的人（譯註：英文的 ape 有「人猿」與「模仿」兩個意思），也會笑別人「鸚鵡學舌」（譯註：英文的 parrot 有「鸚鵡」與「模仿他人說話」兩種意思）。英文裡用各種動物來形容模仿，好像這樣的行爲從某個角度來說損及人類尊嚴一般。然而，科學家會從不同角度來看。對他們來說，這種傾向非常人類。模仿是一種自然行爲，那是一種社交黏著劑，也是信任的象徵。不過，他們也給了模仿一個非人類的標籤，將之命名爲「變色龍效應」（chameleon effect）。[10]

格林斯基、邁達克斯，以及史丹佛大學的伊莉莎白·穆倫（Elizabeth Mullen）在一項得獎研究中，測試模仿是否會加深調頻，強化影響他人的能力。他們運用與上文相同的研究場景（出售加油站以及求職者與面試人員之間的協商），但另外加入一個新面向。活動開始前五分鐘，部分參與者收到一項「重要訊息」，他們被要求完成任務時得遵守額外的指示：

> 協商要成功、要得到更好的結果，最好能模仿協商中另一方的行爲舉止。舉例來說，如果對方摸了自己的臉，你也應該摸。如果對方在椅子上往後靠或往前傾，你也應該照做。**然而，十分重要的是你在模仿時，必須非常小心，不能讓對方發現你在做什麼，**要不然這個技巧會帶來完全相反的效果。此外，不要把太多注意力放在模仿上，協商的結果才是你要專注的目標。因此，你應該找到折衷之道，從頭到尾小心模仿，但不要亂了自身的注意力[11]（字體強調處爲原文所有）。

結果「策略性模仿」證實有效。被告知要模仿的參與者（不要忘了，他們五分鐘前才得知此事，只有五分鐘時間準備）做得出乎意料地好，效果頗佳。在加油站情境，「模仿對手一舉一動的協商者，比較可能達成對雙方都有利的交易。」[12]在招募員工的情境，模仿者比非模仿者表現得更好，而且沒有招致另一方的負面觀感。研究人員把他們這篇論文命名爲〈變色龍能烤也能拿到比較大塊的派〉（Chameleons Bake Bigger Pies and Take Bigger Pieces）。[13]

格林斯基解釋，之所以會如此，原因與我們這種物種的天性有關。大腦演化時，我們身邊大部分的人都是親族，因此可以信任。然而「一旦群體人數擴大，人與人之間就會需要更為複雜的判斷與互動」。因此人們會尋找環境線索，判斷自己能信任誰。「其中一個線索是無意識地察覺我們是否與他人同步，而一個辦法是比對他人以及自己的行為模式。」[14]調頻的基本原理就是讓自己的行為舉止和聲音模式與他人同步，好讓雙方都能理解與被理解。

其他研究也提出模仿的效用，例如一項荷蘭研究發現，逐字複述客人點餐內容的女侍所拿到的小費，比「換句話說」的女侍多七成，而且侍者模仿自己說話的顧客，用餐滿意度也較高。[15]一項法國零售業銷售人員的研究指出，一半的店員被要求模仿顧客的表情與非語言行為，一半則沒有。顧客請銷售人員幫忙時，近七九%的人會向模仿組購買，非模仿組則為六二%。此外，向模仿組購買的顧客接受訪談時，「同時給了銷售員與商店本身較為正面的評價。」[16]一項杜克大學（Duke University）的實驗提供受訪者據稱是新型運動飲料的飲品，結果人們被巧妙模仿時，較有可能說自己會買那種飲料並預測會大賣。[17]

如同觀點取替與同理心像異卵雙胞胎，「模仿」也有堂兄弟姊妹：碰觸。同樣地，碰觸也有許多相關研究，其中多半來自法國社會心理學家尼可拉・賈于庸（Nicolas Guéguen）。舉例來說，好幾項研究都顯示，餐廳服務生如果輕觸顧客的手臂或肩膀，用餐者會留下更多小費。[18]賈于庸的一項研究發現，夜店女子被邀請時，比較可能和輕碰她們前臂一、兩秒鐘的男子共舞。男人向女人要電話的非夜店情境，結果也是一樣[19]（是的，這兩項研究都是在法國做的）。在其他研究中，請陌生人簽名連署時，大約五五%的人會答應。然而遊說者碰觸人們前臂時，比例會躍升至八一%。[20]碰觸甚至在我們最常提到的二手車情境也有用。推銷員（所有賣方都是男性）如果輕輕碰觸潛在買家，相較於沒有碰觸的推銷員，買家對他們的評價遠遠更爲正面。[21]

當然，如同其他調頻行爲，模仿也需要技巧。人們知道自己被模仿時（實驗中極少出現這種情況），可能出現反效果，轉而敵視你。[22]把自己調整到別人的頻道，意思並不是說潛在客戶提到他們剛到哪裡度過假，你就宣稱自己也去過，也不是客戶告訴你他們的家鄉在哪裡，你號稱自己的叔叔也住在那裡。那不是調頻，那是說謊。重點在於你必須有技巧、**但也要像個人——靠著**像個人的技巧。

關・馬汀（Gwen Martin）就瞭解這點。出身銷售人員的她，在二〇〇七年與他人共同創辦 NumberWorks。這間位於明尼蘇達州明尼阿波利斯市（Minneapolis）的人力仲介公司，專門提供會計師與金融專業人員給各種組織，協助他們處理複雜的專案。NumberWorks 是這一行成長快速的公司，而我聽說其中一個原因是馬汀高超的銷售能力。

我去了一趟明尼蘇達州，後來還做了一次電話訪談。我請教馬汀，什麼樣的特質才能有效打動他人。那時我還沒接觸上述研究，馬汀也沒有。讓我感到意外的是，她一直提到一個很少會在相關情境中出現的詞彙：「謙卑」（humility）。「非常擅長於這件事的人有一個共通特質，那就是謙卑。」馬汀告訴我：「他們採取的態度是『我坐這張小椅子，這樣你才能坐那張大椅子』。」那是在透過降低權力做到「觀點取替」，也就是調頻的第一原則。

馬汀還說，頂尖的推銷員也擁有強大的情緒智慧（emotional intelligence），但不會被情緒連結帶著走。他們充滿好奇，會問問題，追根究柢找出他人的想法。他們進入別人的腦子，但不會進入他們的心，而這正是調頻的第二項原則。

馬汀告訴我，最重要的是：「不論你是和一個老祖母在一起，還是剛取得 MBA 學位的畢業生，你必須以某種方式和他人同步，與他們連結。」

她如何形容這種能力？

「這聽起來可能有點怪，」馬汀說：「但我都管它叫變色龍能力。」

中間優勢

個性外向的人是最好的推銷員。光是看這種個性類型的教科書定義，就能清楚知道原因：「個性高度外向的個人，特徵是喜好社交、有決斷力、活潑，以及喜愛尋求刺激。」[23]想要影響他人便需要與他人互動。對內向的人來說，社交情境會吸光精力，而外向的人卻能如魚得水。外向者習於與其他人相處的特點，也代表他們不會羞於提出請求，而不論是說服潛在客戶雇用你的公關公司，或是請火車上的陌生人跟自己換座位，這樣的自信與魄力都會帶來幫助。外向者友善又合群，也就是說，他們比較可能開展建立關係的有趣對話，最終或許還能讓銷售成交。最後，外向的人天生喜好尋求刺激，他們身上冒出來的精力與熱誠能夠感染他人，更別說還能傳遞許多形式的影響與說服。愛好社交、自信魄力、生氣勃勃，而且尋求刺激：這正是打動他人的理想性格。

許多分析人員說：「在我們的文化，推銷員代表典型的外向者。」他們是形塑西方社會的「外向理想」化身，[24]難怪外向者通常會尋求銷售職涯，而大部分的銷售都要人超級外向、愛好社交。另外，研究證實經理在聘用銷售人員時會尋找那樣的特質。[25]「外向者是最好的推銷員」這種看法似乎太過不證自明，以至於我們忽略了一個很小的瑕疵：幾乎沒有證據證明那確實爲眞。

社會科學家探究外向與銷售成功度的關係時，他們找到的連結頂多只能說是薄弱（flimsy）。舉例來說，上司通常會給外向者高評價，然而好幾位研究者都發現外向「與銷售表現之間缺乏統計上的顯著關係……」，「外向與銷售量並不相關。」[26]一項最爲全面性的調查（包含三十五份個別研究、涉及三八〇六位銷售員的三項後設分析）發現，外向與銷售之間的關聯性基本上可以說不存在（正相關程度爲零到一，較高的數字〔例如〇．六二〕代表高度相關〔close correlation〕，零則代表完全不相關。三十五份研究中，外向與銷售表現的相關程度爲微不足道的〇．〇七）。[27]

那麼這代表那些說話溫和、寧願窩在自己家中小書房而不願待在雞尾酒派對的人，也就是那些內向者，比較能夠打動他人嗎？完全不是這麼回事。事實上，最近的研究顯示，情況比那複雜許多。

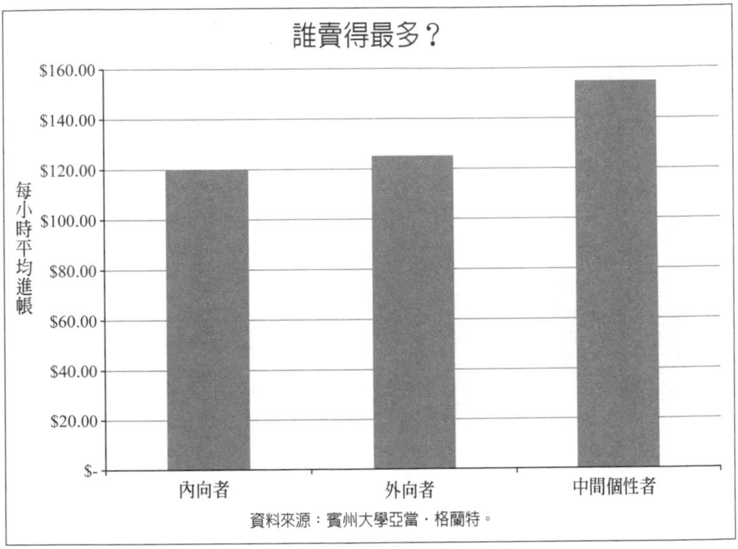

資料來源：賓州大學亞當・格蘭特。

亞當・格蘭特（Adam Grant）是賓州大學華頓商學院（Wharton School）管理學教授，也是美國頂尖的年輕社會心理學家。他先前的部分研究檢視了外向這個議題。[28]人人都認爲這項特質與銷售息息相關，與能否在那個領域成功實際上卻沒有太大關聯。因此，他好奇心大發，決定找出原因。

格蘭特的資料來源是一家透過電訪中心出售產品的軟體公司。一開始他訪問三百多位銷售代表，完成數項個性評估，其中一項是社會科學家測量人們落在內向／外向光譜的哪一端。該評估列出「我是派對的靈魂人物」與「遇到陌生人時我很安靜」等敘述，然後要受訪者用一到七分評估自己，最後透過他們的答案，就能以數字衡量外向程度。接著格蘭特追蹤這些銷售代表接下來三個月成交的生意。[29]

或許並不意外，內向的銷售代表表現不如外向者，他們平均每小時爲公司帶來一二〇美元的進帳。他們較外向的同事則是一二五美元。然而，兩者的表現都不如第三組好：中間個性者（ambivert）。

你說什麼？中什麼……？

有一群人不是特別外向，也不是特別內向。[30]回到以「一至七分」的內向外向評估量表來看，這群人落在中間。他們不是一或二，但也不是六或七。在格蘭特的研究，這些中間個性者（不是太熱情，也不是太冷淡）平均每小時成交近一五五美元的生意，輕鬆打敗其他銷售員。事實上，平均進帳最高的銷售人員（每小時二〇八美元）的外向分數爲四．〇，剛好落在正中間。

此外，格蘭特用「一到七分」員工得分及三個月總進帳製圖時，他發現一個具有啓發性的明確模式。的確，進帳的最高峰落在四分至四．五分之間，靠近內向或外向的兩極時則往下降。最外向的人比最內向的人好那麼一點，但兩者都落後中庸之道的同事。[31]

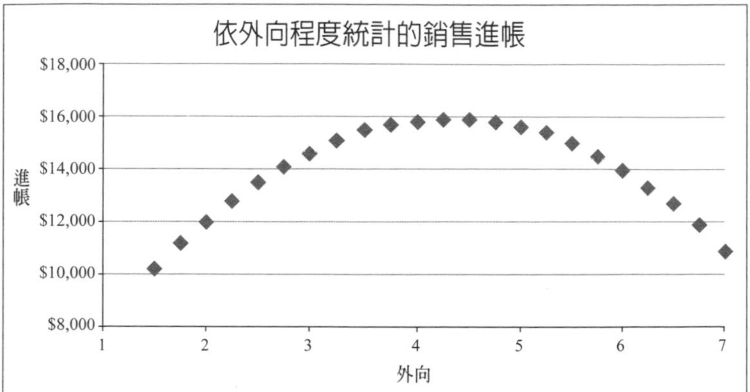

資料來源：賓州大學亞當・格蘭特。

者都落後中庸之道的同事。[31]

格蘭特寫道：「過去一直認爲，最具生產力的銷售人員爲外向者，這些發現則讓人重新思考。」[32]事實上，其他研究也開始證實，過於外向還可能損及表現，例如最近兩篇《哈佛商業評論》（*Harvard Business Review*）的銷售專業人士研究發現，表現最佳者合群的程度，低於表現在平均以下的人，而最善交際的銷售人員，通常是所有人之中表現最差的。[33]一項大型歐美顧客研究顯示，銷售人員「最具破壞性的」行爲並非資訊不足，而是過度自信與熱情造成和客戶過度頻繁地接觸。[34]換句話說，外向反而會適得其反。外向者可能會說得太多、聽得太少，造成自己無法理解他人觀點。他們可能無法在進取與退縮之間取得適當平衡，因此被解讀為死纏爛打，令人退避三舍。*

然而，答案也不會一面倒向光譜的另一端。內向者也有自己的麻煩要面對，而且通常是相反的挑戰。他們可能會過於害羞而無法展開銷售，也可能過於膽小導致無法成交。最好的辦法是讓處於兩極的人盡量往中間靠。有些人已經注意到，內向的人「習於觀察」，外向的人則「習於回應」。[35]無論是傳統銷售或「非銷售的銷售」，不管是哪一種，都需要在觀察與回應之間取得巧妙平衡，而中間個性者可以找到那個平衡點。他們知道什麼時候要開口，也知道什麼時候要閉嘴。他們多元的技能讓自己與更多人以及各式各樣的環境和諧共處。中間個性者最能影響他人，因為他們是最高超的調頻者。

對於大部分人來說，這應該是個好消息。大家可以再看一下第二張圖的弧線，內向與外向人口的一般分布大致也是那樣[36]：少數人外向，少數人內向，大部分的人都落在靠近中間的中間個性，開心地和周遭人調和，不處於兩個極端。從某個角度來說，我們天生都是銷售人。

＊銷售專家中，富勒刷具創始人富勒很久以前就發現這一點。他在回憶錄中提到：「原本我一直以為推銷員就是說個不停的人，連喇叭鎖都會被他們說動購買黃銅亮光劑。」然而，「富勒推銷員通常不是卡通裡那些外向的人……大多數時候，富勒推銷員相當害羞，但用刻意的自信來掩蓋這項特質。」

樣品手提箱／模範案例

調頻

找出開始聊天最好的方法

不論是一項很酷的事業、一場很棒的戀愛，或是一場帶來深遠影響的社會運動，生活裡所有美好事物都從聊天開始。與他人一對一談話是人類最有利的調頻形式。聊天可以幫助我們瞭解他人，與他人連結，沒有其他物種能做到這樣的事。

然而，開始聊天時最好的方式是什麼，尤其是你跟對方還不太熟的時候？怎麼樣能很快讓對方安下心來，邀他一起互動，並且製造和諧氣氛？

你可以參考吉姆．柯林斯（Jim Collins）的作品，他是經典著作《從A到A+》（*Good to Great*）的作者，也可以參考其他開創性的商業書籍。柯林斯說他最喜歡的開場白為：

「你打哪來？」（Where are you from?）

被問的人可以用各種方式回答。對方可能提到過去的地點（「我在柏林長大」），也可能提到現在的組織（「我目前在千葉興業銀行工作」），或是從其他角度回答（「我現在住在洛杉磯，但正打算搬家」）。

這個問題改變了我的作法。我因爲喜歡聽別人談自己的工作，通常會問人：**你是做什麼的**？但我發現有些人聽到這個問題後會有點坐立難安，因爲他們不喜歡自己的工作，或者他們覺得說出來別人會對他們做價值判斷。柯林斯的問題則比較友善，也比較符合調頻原則，開啓各式各樣的回答，而不是阻擋可能性。此外，這個問題永遠能開啓關於某件事的有趣對話。

練習策略性模仿

前文的馬汀提到，某些銷售員能夠出類拔萃，是因爲他們擁有「變色龍的能力」——面對他人時，能夠半途調整自己的做事內容與方法。所以你要怎麼樣才能教會自己更像那種無害的蜥蜴，開始熟悉策略性模仿的技巧？

三大關鍵步驟是**觀察**、**等待**，然後**消失**：

一、觀察。觀察對方在做什麼。他採取什麼坐姿？翹腳嗎？手呢？他往後靠嗎？斜到一邊嗎？腳在敲地板嗎？在轉筆嗎？他是怎麼講話的？快？慢？他喜歡用特定字眼嗎？

二、等待。觀察之後，不要馬上行動，先融入到情境當中。如果對方往後靠，那麼數到十五，然後考慮要不要也往後靠。如果他講了一個重點，逐字重複主要的意思，但要晚一點才在對話中提出。不過這招不要用太多次，這不是在比賽每次模仿能重複多少重點。

三、消失。輕度模仿後，試著不要一直提醒自己在做什麼。記住：人類（包括你）做這件事時是很自然的，因此到了某個點之後，模仿會開始讓人覺得毫不費力。就像開車一樣，起初在學開車時，你會一直注意到自己在開車，每個動作都是刻意做出來的。一旦有了些許經驗，就可以依靠直覺開下去。

容我再次提醒，你的目的不是要假惺惺。要有技巧，要像個人。《紐約時報》說過：「細緻的模仿像是一種恭維，那是魅力的肢體舞蹈。如果那樣的恭維還不能讓交易成交，可能只是因爲顧客不買帳。」

拉張椅子

亞馬遜（Amazon.com）創始人傑夫．貝佐斯（Jeff Bezos）在四十八歲的生命中，成就過許多事，不但重新塑造了零售業的樣貌，還成爲全球前三十名的大富翁。此外，他還曾在較低調的情況下，提出我看過最好的調頻手法。

亞馬遜和多數組織一樣要開很多會，然而在重要會議上，除了主管、行銷專家、軟體工程師會列席，貝佐斯還會多放一張空椅子，提醒與會者，誰才是在場眞正重要的人：顧客。

那張空椅子成爲亞馬遜西雅圖總部的著名傳說。看到那張椅子，可以鼓勵與會者採取那個看不到、但非常重要的人的觀點。顧客在想什麼？他想要什麼？關心什麼？對於我們提出的點子，他會怎麼想？

試著將這個方法運用在你自己的世界。如果你正在準備簡報，空椅子可以代表聽衆以及他們的興趣所在。如果你正在準備業務推銷資料，空椅子可以幫助你想像另一方可能提出的異議與問題。如果你正在準備教案，一張空椅子可以提醒你從學生的角度來看待事情。

把自己調整到他人的頻道，跳脫自己的觀點、進入別人的世界，是影響他人最基本的步驟。想要進入別人的腦子，一個聰明、簡單又有效的方法就是坐上他們的椅子。

探索內在的中間個性

華頓商學院的格蘭特教授發現，最有效率的銷售員是中間個性者，也就是那些落在內向／外向量表中間地帶的人。

你也是這樣的人嗎？

你可以參考以下這個網站，花點時間評量：http://www.danpink.com/assessment。我在網頁裡複製了社會科學家測量內向與外向的評估方法。整個測驗大約需要五分鐘，填答完畢，你就會得知結果。

如果發現自己是中間個性者，恭喜你正處於中庸之道！繼續做你正在做的事吧。

如果測出你是個外向者，試著練習內向者的部分技能，例如少做論斷，多問問題。

感覺到自己急著主張些什麼的時候，把自己拉回來。最重要的是，少說話多聆聽。

如果結論是你是個內向者，你可以練習外向者的部分技能。事先練習如何「要求」，這樣才不會臨陣退卻。這聽起來可能有點笨，但記得要提醒自己微笑、身體坐正。儘管會覺得不自在，你還是應該大聲說出自己的看法。

大部分的人都不處於極端，不會永遠外向或完全內向。我們大都位在中間，那讓我們在曲線上下移動，配合環境調整自己，找出中間個性的隱藏力量。

與時空旅人對話

第八章即將介紹的凱西．沙利特（Cathy Salit）會用一種練習，來鍛鍊她的演員即興肌肉，她把那稱爲「與時空旅人對話」（Conversation with a Time Traveler）。這個練習不需要道具也不需要設備，只需要一點想像力與很多的練習，就可以磨練調頻能力。

這個練習是這樣的：

找幾個人，要大家想出幾個三百年前的人不會知道的東西，像是紅綠燈、外帶披薩，也可以是機場的X光檢查設備，然後分成幾個兩人小組，一組選一樣東西。一個人扮演十八世紀初的人，一個人則負責解釋那樣物品。

這個遊戲玩起來比聽起來困難。三百年前，人們的觀點與我們大不相同，例如要解釋從得來速買來的大麥克，就必須先讓對方瞭解各種基本概念，像是擁有一輛車、食用在三百年前分量不可思議的肉，並且信任一個你可能從未遇過、以後也不會再見到的人等等。

沙利特說：「這個練習立即挑戰了你認爲別人能懂你的訊息的假設。你被迫瞭解另一個人的世界觀。」眼下我們都應該多做這樣的練習。

畫圖

「穿別人的鞋」走一哩路有時需要地圖。以下兩種辦法可以提供圖像，讓你找出人們從哪裡來，以及他們可能正往哪裡去。

一、討論圖（discussion map）

下次開會時，在鬧烘烘的意見之中，簡單畫一張圖呈現眼前這個團體的社交製圖（social cartography）。首先，畫出會議中每個人坐在哪裡。會議開始時，在最先發言的人

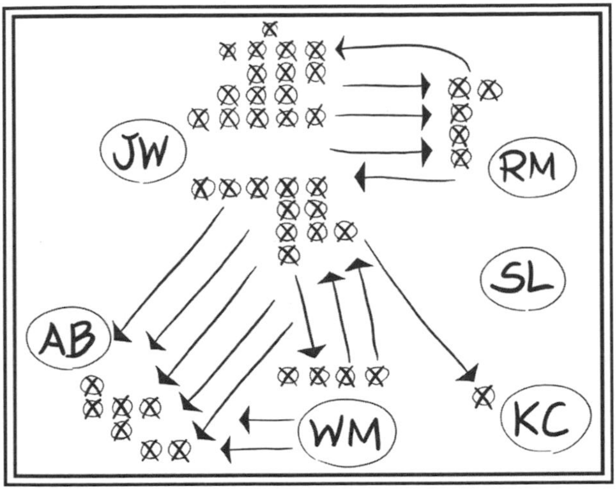

名字旁邊畫一個「X」記號。每次有人發言時，就在那個人的名字旁邊畫一個叉。如果有人的意見是針對某個人，而不是對所有人說話，那就從發話者那裡畫一條線，連到他發言的對象。會議結束後，你手中就有一張視覺圖像，可以看出誰說了最多話，誰都默默坐在一旁，誰又是衆人批評或奉承的對象。你甚至可以把這個練習用在愈來愈無所不在的電話會議上（事實上，電話會議還更好做，因爲沒人看得到你！）。上圖是個範例。圖中姓名縮寫爲JW的人說了最多話，而許多評論都是對著AB說，SL與KC則很少參與。

二、情緒圖（mood map）

如果要掌握某個特定情境，可以試著畫出那個情境前後的變化，例如在一場必須打動他人的會議上，記下會議開始時的情緒。如果用一（消極抵抗）到十（正向公開）來評分，目前溫度如何？接著，你覺得會議已經開到一半時，再次檢視現場情緒。氣氛改善了嗎？惡化了嗎？保持不變嗎？寫下那個數字。最後在會議快結束時再記錄一次。把這想成一張情緒的天氣圖，幫助自己找出情況正在豁然開朗還是變得更為風雨交加。有了調頻能力後，你不必是個氣象預報員也能知道風往哪裡吹。

玩「魔鏡，魔鏡」

外在情境出現細微變化時，你有多能調頻？以下這個變革管理顧問喜歡的團隊練習，可以幫助你回答那一類問題並開始加強調頻能力。找到你的小組，請他們進行以下步驟：

1. 找一個組員，兩個人面對面三十秒。
2. 轉過身去，組員背對背。

3.一轉過身後，兩個人都改變自己外表的一個地方，例如拿下耳環、戴上眼鏡，或是把襯衫拉出來（此項活動的重點是：衆人背對背之後，才說出你要他們做什麼）。接著等六十秒。

4.轉回去，看看自己或組員能否找出什麼地方不一樣了。

5.與同一個人重複這個練習兩次，每次都改變外表一個地方。

練習完畢後，簡短討論一下剛才發生了什麼事。大家注意到有哪些不一樣嗎？哪些改變沒有被找出來？要技高一籌，多少必須一開始就好好觀察，並且與他人調頻？有了這次的經驗，下次你遇到同事、客戶或學生時，可能會有哪些調整？

找出不尋常的共同點

亞利桑那州立大學（Arizona State University）社會心理學家羅伯・齊歐迪尼（Robert Cialdini）的一項研究顯示，我們比較可能被自己喜歡的人說服，而我們會喜歡別人的一個原因，是因爲他們讓我們想起……自己（第六章會進一步討論齊歐迪尼的其他研究）。

找出相似點可以幫助你調整到別人的頻道，也可以幫助他們調整到你的頻道。以下的練習適合小組練習，個人稍後也可以將過程中學到的東西運用在自己身上。

組一個三至四人的小組，問大家這個問題：我們之間有什麼共同點（可以是自己與另一人的共同點，也可以是自己和所有人之間的共同點。找外表以外的事），例如：每個人都有弟弟嗎？去年大部分的人都去過迪士尼嗎？有人是足球迷、歌劇迷，或是有人會自己做起司嗎？

計時五分鐘，看看你們能找出多少共同點。你可能會有意外收穫。找出彼此的相似點可能聽起來有點瑣碎：嘿，我也養了一隻臘腸狗！我們覺得這不過是「閒話家常」，其實並非如此。相似點（眞正、非刻意製造出來的類似）是人類建立聯繫的關鍵方式。人們擁有共同點時，比較可能一起前進。

5 浮力

富勒刷具推銷員豪爾成功地將價值一五〇美元的地毯清掃器與清潔產品，賣給兩位舊金山律師。隔天星期三早上，他回到律師事務所送貨，但抵達時辦公室還沒開，於是我們兩個跑到七樓角落的茶水間。那間茶水間就像許多辦公大樓的茶水間，極度沒有特色。靠牆那裡有個小小的廚房流理台，中間有一張被廉價椅子包圍的廉價桌子，但至少那讓我們有地方可去。我們坐下來閒聊豪爾的生命歷程，等待他的顧客出現。他把她們的戰利品交出去後，就可以開始跑今日的行程。

我們聊了大約半小時後，走廊前方的辦公室有個女人走了進來，開始泡一壺咖啡。她轉過身時，豪爾舉起食指，告訴我他要暫停我們的閒聊，改和這位女士搭訕。

他問：「你們是走廊盡頭那家新公司嗎？」

女人回答：「是的。」她回答時轉過頭來，但身體沒有轉。

「我和這裡的兩位律師做生意已經非常、非常多年了，我正要過去打招呼。」豪爾告訴她：「不曉得你們會不會有興趣，不過我已經在舊金山這一帶跑了快四十年了。」

女人仍然背對我們，聲音沒有透露半絲情緒。「嗯嗯。」

「相信妳一定聽過富勒刷具。」豪爾出擊了。

女人回答：「有……我們……嗯。」她很不自在，顯然現在這場談話已經變成分秒必爭的競賽。她能不能在豪爾火力全開前，拿到煮好的咖啡呢？「我想我們不需要。」

豪爾向她保證：「我不會強迫推銷。」他的聲音很鎮定，而且時間站在他這一邊。

咖啡滴……滴……滴。

滴……滴……滴。

「O……K。」她的語調平緩地上揚，表示她想結束對話。「謝……謝。」

豪爾假裝沒察覺到她的語氣，說道：「我帶了家庭型錄來，另外我也能提供一些小型辦公室清潔用品。這就是為什麼我在這裡。」

女人轉過身，雙手交叉在胸前，一下看著豪爾，一下看著咖啡。豪爾解釋，兩位律師是他十五年的老主顧，他今天是來給她們送昨天訂的貨。他再次告訴女人，自己在這一帶賣了四十年的東西，並重申他不會強迫推銷，他不是那種死纏爛打型的推銷員，只是想到有些產品可能對她有幫助，他可以介紹一下，只需要幾分鐘就好，不會浪費她的時間。

滴……滴……，咖啡煮好了。

「嗯……」女人「嗯」了好幾秒，原本的斷然拒絕變成不太情願的也許。「你要離開前過來一下吧。」

豪爾問了她的名字，她叫貝絲（Beth）。貝絲帶著剛泡好的咖啡離開。茶水間靜了下來。豪爾等她走遠些，往前靠在茶水間桌上。

他告訴我：「一切就是那樣開始的。」

當年豪爾會加入富勒刷具是因爲他破產了。豪爾生於紐約市，母親是俄國人，父親是蘇格蘭人。一個是家庭主婦，一個是出版社銷售代表，豪爾自己則是童星。高中畢業後，他進了康乃爾大學準備習醫，然而，「我很快就發現，醫學顯然不是最適合我的職業。我花在表演的時間比念書多。」

在美國海軍待了一陣子後，他回到紐約市，認眞想要成爲專業的演員。那條路並不好走，爲求收入穩定，他跟隨父親的腳步，成爲出版社的銷售代表。不久後，他到舊金山設立葛洛夫出版社（Grove Press）西岸辦事處。這間文學出版社出過傑克．凱魯亞克（Jack Kerouac）、威廉．柏洛茲（William Burroughs）與艾倫．金斯堡（Allen Ginsberg）的作品。幾年後，那間辦事處遭逢打擊，豪爾的婚姻也四分五裂。他開了間餐廳，結果又慘賠，燒光他所有的積蓄。

那是一九七〇年代早期，豪爾告訴我：「當時我身上只剩最後一毛錢，我應徵了富勒刷具的徵人啓事，因爲馬上就可以有營業額與現金流。」

第一個星期，他辭職四次。

他以前也當過推銷員，也被人拒絕過很多次，然而挨家挨戶的銷售特別殘酷。人們都是快速斷然拒絕，還會常常附帶難聽的話並甩門。然而，每次豪爾想辭職時，一個舊金山辦事處的老前輩都會把他拉到一旁。豪爾說，這位查理（Charlie）前輩是「典型的富勒推銷員」。他鼓勵豪爾並告訴他，這麼多次的拒絕都只是過程的一部分，他應該「撐下去，撐下去」。

豪爾說：「託上帝的福，一週結束時，我賺到不錯的薪水。」

豪爾繼續當推銷員，也繼續努力嘗試演戲，並尋找其他方法養活自己。他說：「我就這樣一天天過下去，大約過了五年，我終於向現實妥協。這就是我的職業，而且我幹得很好。」

不過事情從沒那麼簡單。他會心灰意冷，不是因爲必須用七十五歲的一雙老腿，拖著幾箱沉重的毛刷與去汗劑，在舊金山雲霄飛車般的山丘地形走上走下，一天跋涉八公里。讓豪爾疲憊的是某些更深層的東西。每一天豪爾推銷時，都會碰到他口中所說「排山倒海而來的拒絕」。

如果畫一張銷售的世界地圖，最顯著的地形將會是那個凶險的深洋。任何推銷東西的人（不論是試圖說服客戶買東西，或是試著讓同事改變），都必須應付如波浪般一直打來的嚴拒、推卻與否決。

在排拒的大海中還能一直浮在水上，是打動他人的第二種基本人格特質。我把這種特質稱為「浮力」。豪爾親自示範了這種特質，最近的社會科學也有所解釋，而如果你瞭解「浮力」的三元素，你也能在自己的人生中，有效運用這項特質。在試圖打動他人之前、之後及中間的過程，你都將需要浮力。

之前：自己問自己問題

豪爾說，推銷最困難的部分，甚至發生在他擦得鋥亮的鞋子還沒踏上舊金山街道之前。「光是讓自己出門面對人群」，就已經是最嚴苛的挑戰。「我必須第一次面對那個不知名、沒有臉的巨大人影。」

大部分的銷售人員與成功大師，都會提供猶豫的豪爾一個標準解決之道：他應該打起精神。豪爾應該花個幾秒鐘，提醒自己他有多麼厲害、擋也擋不住。舉例來說，奧格・曼迪諾（Og Mandino）具有啓發性的著作，替二十世紀的銷售建議定調。他建議我們每個人都應該告訴自己：「我是自然界最偉大的奇蹟」，以及「我會成為全世界最偉大的推銷員」。[1] 上個世紀美國熱門暢銷書《思考致富》（*Think and Grow Rich*）的作者拿破崙・希爾（Napoleon Hill）寫道，「推銷術的第一步」是「自我暗示」，「推銷員必須徹頭徹尾相信他所賣的商品或服務，也要相信自己推銷的**能力**。」[2]不論是美國的安東尼．羅賓斯（Anthony Robbins）、英國的保羅．麥肯納（Paul McKenna），或是全世界任何地方的銷售訓練課程，他們的建議都驚人地相似：告訴自己「你可以的」。宣布一個不可動搖的信念，說自己天生了不起，可以幫堅固的橡皮艇充氣，讓你在排拒的大海中還能載沉載浮。

糟糕！社會科學顯示的卻是更爲細緻、不大一樣的東西。

我們人類無時無刻不在跟自己說話。事實上，我們可以將自我對話的內容分類，因爲我們講了太多話。有些是正面的，像是「我很強」、「我會」，或是「我會成爲全世界最厲害的推銷員」。有些則是負面的（少部分人多數的自我對話皆爲負面），像是「我太弱了跑不完」、「我數學一向不好」、「我不可能賣出這些百科全書」。不過，不論是自我感覺良好或打擊自尊的自我對話，通常那些話都具有宣示性，陳述現在或即將發生的事。

然而，你應該模仿的模範人士卻採取不一樣的作法。這個人的名字是建築師巴布（Bob the Builder）。如果過去十五年你沒接觸過學齡前兒童，讓我先快速介紹一下他的簡歷。巴布是個身穿工作服、頭戴安全帽的定格動畫卡通人物，他開了一家建設公司。英國在一九九九年開始播出他的電視節目，目前有四十五個國家的小朋友都看得到。巴布每次都會碰到棘手情況，不可避免地需要進行傳統銷售或「非銷售的銷售」。巴布就和我們所有人一樣會對自己講話，但他說的不是正面的話，也不具宣示性。要自己和團隊動起來時，巴布會問一個問題：**我們行不行？**（Can we fix it?）

讓我們的心靈之窗閃過一道這樣的質疑，可能會讓曼迪諾、希爾、羅賓斯與麥肯納的信徒抖一下：質問自己的能力？然而社會科學家發現巴布作法正確無誤。的確，正向的自我對話一般來說比負面的有效，然而最有效的自我對話不只是轉換情緒而已，還會轉換語言範疇，從「宣稱」變成「問問題」。

三位研究人員伊利諾大學的易卜瑞亨．西奈（Ibrahim Senay）、桃樂絲．阿伯瑞西（Dolores Albarracín），以及南密西西比大學的野口健司（Kenji Noguchi）在二〇一〇年進行了一系列實驗，證實「疑問式自我對話」（interrogative self-talk）的效用。在其中一個實驗，他們要求參與者解決十個字母重組遊戲（例如將「when」的四個字母重組為另一個有意義的字「hewn」〔劈開〕）。研究人員將參與者分為兩組，兩組只有開始解題的前一分鐘不一樣。研究人員要第一組參與者「問」自己能否解答這些題目，第二組則要「告訴」自己可以解答，最後自問組平均比自我肯定組多解決近五〇%的題目。[3]

接下來的實驗，研究人員讓新一批參與者看新一輪的字母重組題目，但這次多耍了一個小花招：「我們告訴參與者我們對人們的書寫有興趣，接著用這個藉口給他們一張紙，要他們在上頭寫二十次：我會嗎（Will I）、我會（I will）、我（I）或會（Will）。」[4]

這次的結果與上次類似。負責寫「我會嗎」的人解出的題數，幾乎是「我會」、「會」、「我」等組別的兩倍。接下來的實驗基本模式大致相同。採取「建築師巴布式問自己問題」的組別，表現勝過採取較爲傳統的「自我激勵自我宣稱」組。

背後的原因有兩個面向。首先，疑問句的形式本身就會帶出答案，而那些答案就隱藏著實際解決問題時可採取的策略。舉例來說，想像一下你正在準備一場重要會議。開會時你必須努力推銷一個點子並取得支持。你可以告訴自己：「我是最棒的，這根本不費吹灰之力。」這樣的話可以帶來短暫的情感激勵。然而，如果你問自己：「我可以成功推銷嗎？」研究發現這樣的問題可以帶給自己更深、更長久的東西。你可能會回答自己：「嗯，可以的，可以成功推銷。事實上，我過去大概在會議上推銷過二十幾次點子了。」你可能會提醒自己做過的準備。「我當然行，這東西我熟得不得了，而且我有很好的例子，可以說服那些有點半信半疑的人。」你可能還會給自己明確的策略建議：「上次遇到這樣的會議時，我講話講得太快，這次我要慢下來。有時在這樣的情況下，別人的問題會讓我慌亂，所以這次我在回答之前要先深呼吸。」如果只有自我保證，可能會讓自己感覺良好且有所幫助，但無法讓你找出所有實際上完成任務時需要的資源與策略。

第二個原因與此相關。研究人員表示，疑問句式的自我對話「可能會激起自發或內在動力來努力完成一個目標」。[5]大量研究顯示，動機來自內在選擇而非外在壓力時，人們比較可能行動，也比較可能有良好表現。[6]宣稱式的自我談話可能無法顧及個人動機，問問題式的自我談話則能帶出做某件事的原因，提醒人們許多發自內心的理由。*

所以，要把自己推出門時，「浮力」的第一要素是疑問句式的自我對話。

那件事你辦得到嗎？

嗯，那就要問你自己了。

過程：正向比例

我相當確定豪爾是中間型人格。我在他身邊跟了幾天，知道他不是全然的內向者。此外，如果他想到開口說話就害怕，或是在陌生人身邊很不自在，他不可能靠推銷刷子養活自己四十年。然而，豪爾也不是會抓你的手、拍你背的百分百外向者。他深思熟慮、從容不迫，而且就如同他常描述自己的一樣，是個說話輕柔的人。

「我討厭二手車類型的推銷員，那種一直逼你一直逼你的類型。我不想成爲那種人。」豪爾告訴我：「比起眞實生活，我在工作時說話比較溫柔。」豪爾就像每個有效率的銷售人，是個調頻大師。他會聽人說話也會觀察，不會像刻板印象中的推銷員一樣整天喋喋不休，但如果有需要，他也會放大音量，活力十足地說服你。此外，如果你觀察他的中間型人格，仔細聽他說的話，瞭解他如何與人互動，你會發現他還展現了浮力的第二要素：正向性格。

＊第七章的「問題式推銷」（question pitch）將介紹類似現象。

「正向」（positivity）這個詞彙會讓許多人翻白眼，東西收一收找最近的出口離開。這個詞嘗起來像糖精，讓人有裝積極、裝笨的感覺。「正向」是個空泛概念，由更空洞的人所推動。然而近來許多研究都證實，正向在生活的許多面向都有其重要性，包括我們如何影響他人。

舉例來說，想像一場雙方都硬是要讓對方接受自己立場的棘手談判。傳統觀念認為，談判不一定要把場面搞得很難看或很野蠻，但應該堅守立場、面無表情。

幾年前，密西根大學雪莉・寇普曼（Shirli Kopelman）領軍的行為科學家團隊，透過模擬一連串談判，測試這個命題。在其中一項實驗裡，他們向參與者（正在攻讀ＭＢＡ學位的主管）提出一個情境：你在籌備一場婚禮。幾個星期前，你臨時向一家外燴公司訂餐。他們憑著良心預估相關服務大約需要一萬四千美元。現在你即將與公司的業務經理碰面，他卻帶來了壞消息。因為市場價格波動，他預估現在得花一六九九五美元。此外，如果你不簽合約的話，有另外一位客人準備把他們那天包下來。

參與者不知道的是他們被分成三組。「業務經理」（經過特別訓練的演員）給了三組同樣的說詞，解釋為什麼價格有所變動，並且提供同樣條件。不同之處在於，這位業務經理採取的情緒手段。她對其中一組參與者展現出正向情緒，「語氣和善，時常面露笑容，還會點頭表示同意，顯得眞誠動人。」對另一組參與者，她則「出言挑釁，一副要壓過你且不眞誠的樣子」。面對最後一組時，她使用「平板單調的語氣，甚少顯露情緒，一副實事求是的樣子」。[7]

這位業務經理展現的不同情緒產生明顯的效果。雖然條件完全一樣，聽到正向語調的參與者願意接受新條件的比率，是負面組的兩倍。接下來類似的實驗中，談判者可以討價還價，面對負面情緒的組別提出的方案，最後比起正面組要慳吝許多。[8]

北卡羅來納大學的芭芭拉・弗雷德里克森（Barbara Fredrickson）是「正向」研究的翹楚。她把興味、欣喜、有趣、感激、鼓舞等各種情緒，統統稱爲正向情緒（positivity）。弗雷德里克森表示，負面情緒會令人視野狹窄，將行爲推向當下的存活（我害怕，因此我要逃。我生氣，所以我要戰鬥）。相較之下，「正面情緒則有相反效果：可以開闊人們在採取行動時的視野，讓我們意識到有各種看待事情的方式……讓我們更包容、更具創意。」弗雷德里克森如是說。[9]

正面情緒的開闊效果對影響他人很重要。想一想一場普通交易的雙方。對賣家來說，正面情緒讓他們更能看到買方是如何想的，以及他們的處境。負面情緒可以幫助我們「見樹」，正面情緒則可以讓我們「見林」。有了更開闊的視野後，也可以幫助我們提出更意想不到的方法，來解決買方的困難。其他研究顯示，正向情緒可以擴展我們採取的行爲，還能強化直覺與創意，[10]而以上好處全都能提升我們的效率。此外，如同寇普曼研究顯示的結果，情緒可能具有感染性。也就是說，銷售情境中的正面情緒效果會影響買家，買家會降低敵意並接受更多可能性，也可能願意達成雙方都獲利的協議，而雙方滿意地離開談判桌時，他們可以建立持久關係，並爲接下來的交易鋪路。

正向情緒在影響他人方面有另一個重要面向。豪爾說：「你必須相信自己販售的產品，並且讓人看到你相信。」幾乎每個我訪問過的推銷員都質疑有些人「什麼都能賣」的說法——不論是否相信產品。那種事在過去也許有可能。從前賣家明顯擁有資訊優勢，買家則選擇有限。然而推銷員告訴我在今日情境下，「相信」可以讓人更深入瞭解產品與服務，進而讓賣家提供的東西更能配合他人需求。此外，眞正打從心底的相信也能帶來情緒感染。舉例來說，北伊利諾大學的柯瑞．薛瑞（Cory Scherer）與布萊德．沙嘉林（Brad Sagarin）發現，在言談中加入些微咒罵（例如「他媽的」〔damn〕），可以增加話語說服力，並讓聽話者相信說話者認眞的程度。[11]豪爾就曾經對我說：「我相信這些產品，我他媽的相信你買的這些刷子可以用上好幾年。」

不過，如果你偏好在人生燉菜裡灑一些負面情緒調味，也不必擔心。不要忘了：準備影響他人的時候，質問式的自我對話正是聰明選擇。在努力說服他人的過程中正面以對，不代表要把自己或別人包上一層厚厚的糖衣。事實上，有一個特定食譜可以帶來最好的結果：正面情緒的黃金比例。

弗雷德里克森曾與巴西社會科學家馬歇爾・羅薩達（Marcial Losada）合作一項實驗，利用數學模型與複雜理論分析團隊行爲。[12]他們要參與者記錄自己的正面與負面情緒四星期。*弗雷德里克森與羅薩達接著計算參與者正面與負面情緒的比例，然後將得出的結果，對照參與者共三十三題的整體幸福度量表得分。

他們發現，正面與負面情緒均等（一比一）的人，幸福度並未高於主要爲負面情緒

* 研究人員解釋：「正面情緒包括興味（amusement）、敬畏、熱情、滿足、感激、希望、趣味、喜悅、愛、自豪以及性欲。負面情緒包括憤怒、輕蔑、厭惡、尷尬、害怕、罪惡感、哀傷以及羞恥。」

的人。這兩組一般來說生活都不怎麼樣。更令人驚訝的是，正面／負面情緒爲二比一的人，也不比負面情緒高於正面情緒的人幸福。然而，一旦情緒比例達到某個數字後，每件事都OK了。那個數字是二．九〇一三。爲了不需要精確至小數點後四位的讀者著想，弗雷德里克森與羅薩達把那個數字進位成「三」。一旦正面情緒以三比一高過負面情緒，也就是如果每有三分的感激、趣味、滿足，只體驗一分的憤怒、內疚或尷尬，人們一般來說就會活得很好，低於這個比例則活得不好。[13]不過，弗雷德里克森與羅薩達也發現正向情緒有其最高限度。太多的正向情緒可能會和太少一樣不具生產力，一旦比例高達十一比一之後，正向情緒的壞處會開始多過好處。超過那個正向／負向比之後，生活會變成盲目樂觀，自我欺騙的結果就是無法自我推進。少許的負向（弗雷德里克森與羅薩達稱爲「適當的負面情緒」〔appropriate negativity〕）是必要的，要是少了這一味，「行爲模式會鈣化。」[14]負面情緒提供我們自身行爲的回饋，讓我們知道什麼可行、什麼不可行，提醒我們怎麼做才能變得更好。

豪爾似乎找到了適當的配方。他說自己開始一天的推銷行程時，會先拜訪一、兩位友善的客戶。此外，一天之中，他也會尋求正面的互動，例如有一次，我跟在他身邊三小時。他拜訪了一間餐廳，問候一位在那裡工作的生病友人。他在街上攔下一位老顧客，詢問他最近過得如何。他進入一家服飾店，老闆親切地喊了一聲：「富勒推銷員！」然後兩人擁抱（雖然是兩個大男人有點僵硬的擁抱）。這些富有人情味的互動，讓豪爾在每次遇到粗魯的拒絕後，還能「撐下去、撐下去」。

弗雷德里克森將豪爾及其他人的健康正面情緒比例，視爲兩股競爭力量之間的微妙平衡：輕鬆與嚴肅。「輕鬆是那股將你往天空抬的看不見力量，嚴肅則是將你拉回地面的相反力量。不受控制的輕鬆會使你輕浮、不著邊際、弄不清楚現實狀況，過度的嚴肅則會讓你癱在悲慘不幸之中。」弗雷德里克森寫道：「如果能有適當的混合，這兩股相反力量能讓你產生浮力。」[15]

之後：解釋風格

一天結束時，豪爾會搭上金門巴士（Golden Gate Transit），回到約九十分鐘車程外羅內特公園的家與妻子相聚。在車上，有時他會讀點東西，有時小睡片刻，但有更多的下午時分是用來沉思。然而，他如何回想他那一天，大大影響他是否能成功，特別是他如何解釋最糟的部分，也就是下文要談的浮力第三要素。

賓州大學學者馬汀・塞利格曼（Martin Seligman）是當代心理科學巨擘，也是「正向心理學」（positive psychology）的始祖。長期以來，心理學這個領域的研究重點爲功能失調（dysfunction）、無力（debility）與絕望，正向心理學則以相同心力重視並分析快樂、幸福、滿足感。塞利格曼的一項重大發現讓我們對樂觀有了進一步的瞭解。

塞利格曼是在探索其他情緒通道時接觸到這個主題。一九七〇年代，年輕的他率先提出「習得的無助」（learned helplessness）這個概念。他一開始用狗兒做實驗，後來也研究人類，並推翻當時流行的行爲主義看法：所有的生物，不論是用兩條腿或四條腿走路，都會有系統、可預測地對外在獎勵與懲罰做出反應。塞利格曼的研究顯示，長期被剝奪對周遭環境的控制感後，部分個體會直接放棄。就算環境回歸正常，受試個體再次擁有尋求快樂或規避痛苦的能力時，他們也不會行動。他們學會了無助。

塞利格曼觀察，以人來說，習得的無助通常是人類「解釋風格」（explanatory style）的一種作用：人們向自己解釋負面事件的習慣。我們可以把「解釋風格」想成發生某個經驗之後（而非「之前」）的自我對話。容易放棄的人（就連在他們其實能做些什麼的情境下也會變得無助的人）會把壞事解釋爲**永久**、**普遍**與**針對個人**。他們認爲負面情況會維持很長一段時間，並且認爲造成壞事的原因具有普遍性，而非特定情境所造成，而且他們認爲要怪就得怪自己。因此，如果老闆對他們大吼大叫，他們會解讀爲「我的老闆一直都很刻薄」或「全天下的老闆都是混蛋」。他們也可能解讀成「我的能力不足以勝任這份工作」，而不是「老闆今天心情很糟，我只是剛好掃到颱風尾而已」。塞利格曼發現，悲觀的解釋風格（習慣相信「這是我的錯，永遠都會是這樣，這將會毀了我所做的一切」[16]）會使人無力（debilitating），讓表現變差，引發沮喪，還會「讓一時的挫折變成災難」。[17]

習得的無助在一九八〇年代中期已經變成初階心理學必上的課程內容。當時塞利格曼與幾位同事開始好奇這個理論是否有較爲陽光的一面。如果說擁有悲觀解釋風格的人過得不太好，那麼擁有樂觀風格的人是否就會欣欣向榮？爲了找出答案，塞利格曼與賓州大學同事彼得．舒爾曼（Peter Schulman）找到一個充斥失望的地方，那裡的居民每天都得被一波接著一波的負面情緒浪潮拍打：那個地方叫「銷售」。

兩位研究人員自賓州地區的大都會人壽（Metropolitan Life Insurance Company）募集近

一百位業務人員。這些男性業務員（少數幾位是女性）從事一般銷售工作，他們會打電話給不認識的人安排會面，與潛在顧客會面推銷保單，薪水則來自成交買賣的佣金。塞利格曼與舒爾曼讓所有業務人員做「歸因風格問卷」（Attributional Style Questionnaire, ASQ）。ＡＳＱ是一種心理評估，裡頭有一系列簡短情境，依據填答者提供的答案，可以找出他們的解釋風格落在悲觀／樂觀光譜的何處。接著學者追蹤這些業務員接下來兩年的表現，計算他們賣出多少保險以及他們賺得的佣金總額。

結果十分明確，他們發現「相較於得分落在悲觀區的人，樂觀解釋風格的業務賣出的保險高出三七％。最高十分位數的業務員比最低者多賣八八％」。[18]

接下來，由於大都會人壽關切約有一半的業務員在第一年就辭去工作，於是塞利格曼於是與舒爾曼研究一個不同的群組：一百多位新聘業務員。研究人員在這些業務員開始新工作前，讓他們做ＡＳＱ問卷，接著記錄他們的進展。得分落在ＡＳＱ悲觀區的保險員最後的辭職率是樂觀區的兩倍。最悲觀的四分之一辭職的可能性，是最樂觀的二五％的三倍。[19]

換句話說，擁有樂觀風格的保險員賣出的保險比較多，也能在工作上待得比較久。

他們把拒絕看作暫時而非永久，特定而非全面，外部而非個人因素。此外，解釋風格可以預測表現的準確度，等同於保險業者招募人員時最常用的評估測驗。結論就是樂觀並非一種空洞情緒，而是一種觸媒，可以激勵人們堅持下去，讓我們在遇到挑戰時穩住腳跟。此外，樂觀還能增強自信，讓我們影響自己的周遭環境。

豪爾的內在屬於樂觀解釋風格。我跟著他跑過幾趟推銷，每一次他都會被拒絕好幾遍，而他都會把那些拒絕視爲一時的挫敗，有特定或外在因素。例如：珠寶店老闆那個時候在忙，顧不上刷子；維修部尚未仔細評估過他的清潔用品；服飾店經理可能因爲現在景氣不好，現金流有問題。我詢問豪爾這些挫敗時，他很鎮定，告訴我：「我是個他媽好的推銷員，繼續努力下去就對了。」

然而，豪爾戴著清楚的鏡片，不會美化事情。有些顧客還是會令他抓狂。他承認有時覺得被拒絕是他個人的問題，他也會有鬱悶、心情不好的時候。然而，負面的事可以釐清正面的事，讓豪爾不至於優柔寡斷，每天做夢，而是可以擁有堅強的心智、繼續浮在水面上——向下與向上的兩股力量取得了平衡。豪爾並非盲目的樂觀主義者，而是塞利格曼所說的「有彈性的樂觀主義（flexible optimism）——張開雙眼的樂觀」。[20]

我們最先聽到的是氣喘噓噓的聲音，接著是四條腿踩在走廊地毯上的沉重腳步聲。克洛尼與克瑞河律師牽著她們的狗來開辦公室的門、準備開始今天的工作了。看到豪爾讓她們十分驚訝，因爲離下單時間還不到二十四小時，不過能拿到靜電地毯清掃器與不鏽鋼刷也令人很高興。原來兩位律師也認識我們在茶水間碰到的貝絲，她們鼓勵豪爾報上她們的名字以取得對方的信任。

豪爾送完貨後，我們走到走廊另一頭貝絲的辦公室。當時我覺得自己在一旁會妨礙豪爾施展個人風格。他推銷的時候不需要有人罩他，因此他走進貝絲的辦公大廳後，我選擇去搭電梯。

我們分道揚鑣時大約是早上十一點，我在布希街五百三十號（530 Bush Street）前的人行道上等他。在茶水間時，貝絲看起來對刷具和其他東西都沒什麼興趣，所以我猜十一點零五分他就會下來了，結果沒有。

十一點十分他還沒下來，十一點十五分沒看到他，十一點二十也沒有。

一直到了將近十一點二十五分，豪爾才推開大樓一樓玻璃門，朝人行道走來。

我看著他，沒開口，只是攤開手掌，挑眉問道：「如何？」

豪爾搖搖頭，伸出右手食指與地面平行，比出割喉動作。沒有成交。

我們一起安靜地走了約八步，接著舊金山最後一個富勒推銷員轉頭對我說：「但我想下次就有機會成功了。」

樣品手提箱／模範案例

浮力

當個建築師巴布：練習詢問式自我對話

下次你準備說服他人時，重新思考一下練習方法。與其用肯定句替自己激勵喊話，不如學建築師巴布提出問題。

問問自己：「我能夠打動這些人嗎？」

社會科學家發現，詢問式的自我對話會比宣示句還要有意義，但不要讓你的問題像脫手的氣球一樣懸在半空中。你要回答你的問題：寫下直截了當的答案。列出五個具體理由，解釋爲什麼這題的答案是「可以」。這些理由能夠提醒自己解決眼前任務時，必須採取哪些策略才能帶來效率。你會有更堅固實在的地面可以立足，而不只是喊喊口號而已。

換句話說，如同聖經所言，如今你們「問」，就必得著（ask and you shall receive ；譯註：中文和合本約翰福音爲「如今你們求，就必得著」）。

追蹤你的正向比例

什麼是幸福的黃金比例？成功的神奇公式是什麼？心滿意足者的數字密碼又是什麼？答案是三比一。你可以做些什麼，讓自己的正向與負向情緒保持在那個難以捉摸的比例？

你可以從造訪弗雷德里克森教授的網頁（http://positivityratio.com/）著手。做一做她的「正向自我測驗」（Positivity Self Test），這個測驗一共有二十題，你可以花個兩、三分鐘填答，瞭解自己目前的正向比例，接著申請免費帳號，追蹤自己接下來的比例（弗雷德里克森的《正向：改變人生的黃金三比一研究大發現》〔*Positivity: Top-Notch Research Reveals the 3 to 1 Ratio That Will Change Your Life*〕提供此一測驗的背景介紹。這本書是介紹她的學術研究成果非常好的大眾入門書）。

除此之外，從現在起，請更加留意自己的情緒。事實上，你可以試著在電話、電腦或辦公室牆上，列出弗雷德里克森的十大正向情緒：喜悅、感激、寧靜、感興趣、希望、自豪、興味、鼓舞、敬畏，以及愛。選擇一到兩個，然後在一天之中想辦法顯露這些情緒，帶給自己心靈鼓舞，順便提振周遭人的心情，增加打動他人的機率。我正向嗎？我很正向（譯註：英文的 positive 有「正向」與「確定」兩個意思）。

增進你的解釋風格

塞利格曼的研究顯示我們解釋負面事件的方式，對於我們的浮力以及最終表現有著極大影響。開始用科學證實有效的方式來改造你的解釋風格吧。

衰事發生時，問問自己以下三個問題，然後用聰明的方式讓每一題的答案都是「否」：

一、這是永久的嗎？

不理想的回答：「沒錯，我已經完全不行了，我無法打動他人。」

較爲理想的回答：「不，我今天表現不理想是因爲沒睡飽。」

二、都是這樣嗎？

不理想的回答：「沒錯，業界每個人都無理取鬧。」

較爲理想的回答：「不，只是這個人是個爛人。」

三、是我的關係嗎？

不理想的回答：「沒錯，那個人不買是因爲我介紹得太爛了。」

較爲理想的回答：「不是，我的介紹還可以更好，但那個人不買的眞正原因，是因爲他還沒準備好現在就買。」

如果你能把壞事解釋爲**一時的**，是**特定情境**、**外在因素**造成的，即使遇到挫折，你也能堅持下去。

套用部分正向心理學家的說法，此處的關鍵在於「反駁」（dispute）與「去災難化」（de-catastrophize）負面解釋。要「反駁」，你可以像個尖銳的律師盤問證人一樣，質疑每個解釋，找出說詞漏洞。你可以質問每個解釋的前提，找出裡面的矛盾之處。要「去災難化」，你可以問自己：整體結果是什麼？爲什麼那些結果並非表面上看起來的那麼糟？

更多資訊請參考塞利格曼的網站（http://www.authentichappiness.sas.upenn.edu/Default.aspx），並做一做他的樂觀測驗（Optimism Test），瞭解自己目前的風格。此外，也建議大家閱讀他的經典著作《學習樂觀・樂觀學習》（*Learned Optimism: How to Change Your Mind and Your Life*）。

嘗試「計算並擁抱」策略

維持浮力的一個方式是更眞實地感受什麼東西才會眞正害你沉下去。你可以數一數自己被拒絕過多少次，然後慶祝一下。我把這種策略稱爲「計算並擁抱」（enumerate and embrace）。

一、計算

試著眞正數一數你一星期被拒絕多少次。你可以用智慧型手機的免費計數應用程式，記下每次你努力說服他人卻遭遇挫折的時刻（如果你還處於類比時代，也可以用小筆記本與一支筆來記錄次數，效果一樣好）。

一週結束時，你可能會感到訝異，這個世界一共送了多少次拒絕到你門前。然而，另一件事可能會讓你更驚訝：你活下來了。即使在一週內你處於拒絕的海洋之中，你還是想辦法浮在水面上。發現這一點會讓你願意繼續下去，也會讓你有自信在下一週做得更好。

二、擁抱

如果遇到非常重大的拒絕，你可以學學傑．古德堡（Jay Goldberg）的方法。他是紐約市紀念品藝廊「伯吉諾棒球俱樂部」（Bergino Baseball Clubhouse）的創始人。他最初替一位著名的美國政治顧問幹活，但他眞正想做的是在美國職棒大聯盟找到工作，於是他寄信給大聯盟全部二十六支隊伍，看看有沒有面試當實習生的機會，只要有機會替大聯盟工作，什麼都好。最後二十五隊統統寄給他拒絕信（紐約洋基隊則沒有回應）。

古德堡留著那些拒絕信，等自己在一九九〇年代初開了自己的運動經紀公司後，把每一封信都裱框掛在辦公室牆上。他說：「我用這個方法來宣示自己不會放棄。我被拒絕了這麼多次，但仍然繼續努力下去。」更妙的是，部分曾經拒絕他的棒球隊代表和他商議旗下球員事務時，會盯著牆上他們先前寄給他的拒絕信。「每次我看著這些信，都會露出微笑。」這些日子以來，古德堡把那些信放在生意不賴的棒球零售空間的辦公室，每天提醒自己，一個人如何看待拒絕，常常是要看自己用了什麼框架。

不要忘了偶爾負面一下

雖說撥雲見日，但太陽的旁邊總會有雲朵。無論是談到正向比例或解釋風格，「浮力」的意思不是要你摒除一切負面情緒。負面與負向情緒攸關我們的生存，可以防止不具生產力的行爲固化爲習慣，還能提供如何努力的有用資訊。我們踏上錯誤道路時，負面與負向情緒可以提醒我們。

弗雷德里克森如此解釋：「生命讓我們害怕、憤怒、憂傷……是有許多原因的。沒有了負面情緒，你……會脫離現實，你會不眞實。久而久之，你會趕跑他人。」因此，讓自己擁有教授所說的「適當負面情緒」吧：偶爾的憤怒、敵意、厭惡與怨恨能帶來生產力。舉例來說，假設你無法說服顧客再多簽一年約，如果部分原因是你今年沒有達到既有的標準，可以對自己小小生一點氣。你這次搞砸了。接著，你就可以將那股負面情緒轉化爲改進的動力。

此外，也可以考慮來一點衛斯理學院（Wellesley College）的茱莉·諾倫（Julie Norem）所說的「防衛型悲觀」（defensive pessimism）。她的研究顯示，想像陰鬱悲慘的情況，以及在腦海裡設想好可能會發生的最糟結果，可以幫助部分人士有效處理自己的焦慮。如果你覺得這方法聽起來可行，那就問自己一連串的「萬一……的話怎麼辦？」萬一每件事都出錯怎麼辦？萬一意想不到的事發生了怎麼辦？萬一這是我這輩子做過最糟的決定怎麼辦？這些問題可以激發出你意想不到的答案，而那些答案可能可以讓你鎮定下來，甚至提振心情。

寄給自己一封拒絕信

這是個簡訊與推特圖片（Twitpic）的年代，不過拒絕出現的形式，依舊常常是紙信封裡一張印著信頭的摺疊紙張。沒有人喜歡收到拒絕信，但一個能減少心頭刺痛的方法（甚至根本不要有刺痛感），則是搶在拒絕你的人之前，先寄給自己一封拒絕信。

舉例來說，如果你要去面試一份新工作，或試著從投資者那裡拿到一筆錢，你可以花一小時，假裝自己是你希望說服的那個人，寫一封信給自己，解釋爲什麼你的答案是：「謝了，但不了。」列出那個人拒絕你的理由，並且當然要加上那些討厭的句子：「經過審慎考慮後……」、「在此很遺憾通知閣下……」、「有鑑於此次優秀的應徵者衆多……」等等，讓這封信符合拒絕信的格式。

你讀自己的信時，大概會大笑。一旦將拒絕化爲書面形式後，結果似乎遠遠沒有想像中可怕。更重要的是，明白說出被拒絕的理由後，這封信可能可以指出你所提出的東西有哪些弱點，這樣一來，就可以努力加強那些地方。

另外，萬一太懶不想自己寫的話，也可以試一試「拒絕信產生器」（Rejection Generator Project. http://ow.ly/cQ5rl）。只要選擇你最喜歡的拒絕信風格，輸入電子郵件，收件匣馬上就會收到一封毀滅你美夢的信。我們遺憾地在此通知你，這個網站是試著把稿子賣給出版社的作家所設計的，不過產生出來的信件可以適用於所有人，即使是你也適用。我們誠摯地祝福你在未來能有更好的表現。

6 釐清

很抱歉打探你的私事，但請容在下問一句：你爲退休存夠了錢嗎？如果你和大多數的人一樣，大概會小聲又不好意思地回答：「嗯，大概還沒吧。」全世界（尤其是美國）尚未替自己老年黃金歲月做好充分準備的人，數字大約介於很慘與很可怕之間。大約有一半的美國家戶未能在財務上做好準備，迎接家中扛家計者六十五歲退休的那天。每四個美國人之中，有三個人的退休帳戶裡的錢不到三萬美元。[1]

這不全是我們的錯。部分原因是我們的腦袋在演化時，處於未來危機四伏的年代。我們人類的腦子非常不擅長掌握未來的事，使得我們只看眼前的事。因此如果面臨選擇立即的獎勵（例如現在就拿到一千美元）或經過等待才能得到的獎勵（兩年後拿到一一五〇美元）時，雖然等一等才符合我們的利益，我們常會選擇立即的獎勵。

政策擬定者與社會科學家想出好幾種辦法，幫助我們克服自身弱點，其中一種作法與希臘神話中奧德賽的作法如出一轍，也就是限制我們選擇的能力。奧德賽把自己綁在船桅上，讓自己無法受到女妖誘惑。我們要求我們的雇主自動從薪水裡扣除一定金額，然後一點一滴累積在退休帳戶裡：如此一來，我們預設就會做出對的事，不必再徵求自己的同意。另外一種作法則是讓我們的選擇與後果更為具體。舉例來說，我們不妨提醒自己兩年後拿到的一一五〇美元，可以變成新車頭期款，把現在這輛過了二十四個月後無法撐多久的車換掉。[2]

然而，紐約大學社會心理學家豪爾．赫胥菲爾德（Hal Hershfield）認為，說服人們為退休存錢的障礙，可能是與這完全無關的東西。他與六位分散各地的同僚合作，進行一系列研究並測試不同假設。在其中一項試驗，赫胥菲爾德與團隊讓每一位參與者都戴上虛擬實境頭盔。一半的參與者會看到自己的數位化身約一分鐘的時間，然後和實驗人員的數位化身簡短交談。另一半的參與者也會透過頭盔看到自己的化身，但研究人員利用電腦軟體套件讓化身的臉部老化，此組參與者會看到自己七十歲的可能樣子一分鐘，然後同樣與實驗人員的數位化身簡短交談。

之後，實驗人員會請兩組人配置自己的金錢：他們要參與者假想，如果自己得到一筆一千美元的意外之財，他們將如何把錢分配到以下四個選項：

- 替自己心愛的人買點好東西。
- 投資退休基金。
- 好好奢侈慶祝一番。
- 存進支票帳戶。

看見自己目前形象的參與者（「現在的我」〔Me Now〕之組）平均會將八十美元撥到退休帳戶。看到未來的自己的參與者（「以後的我」〔Me Later〕之組）則爲一七二美元，超過兩倍。[3]

爲了準確判別是什麼因素造成這樣的差異（看到自己變老的臉孔或一般的老化提示），研究人員請另一批參與者進行一項類似試驗，此次一半的參與者會看到變老的自己（「以後的我」之組），一半的參與者會看到別人變老的樣子（「以後的你」〔You Later〕之組），這次的結果差異更為顯著。看到自己變成七十歲的參與者所存下的錢，超過只看到其他七十歲老人圖像的參與者。研究者使用較虛擬實境簡單的設備進行類似實驗時，結果依舊呈現同樣模式。「以後的我」之組每次都決定存下較多的錢。[4]

這一系列研究顯示，我們無法為退休存錢，問題不僅在於我們難以權衡目前與未來的獎勵。目前與未來的自己之間的關聯（或應該說不關聯），也是問題所在。其他研究顯示：「想到未來的自己所引發的中立的行動模式（activation pattern），類似於想到陌生人時引發的模式。」[5]想像遙遠未來的自己是極度困難的一件事，事實上，困難到我們常把未來的自己想成完全不一樣的人。「對於感覺未來的自己與自己無關的人來說，存錢就像是要他們選擇『今天把錢花掉』或是『幾年後把錢交給一個陌生人』。」[6]

赫胥菲爾德與同僚發現，試著解決既存問題（讓人們更能平衡短期與長期獎勵）還不夠，因為那並不是當務之急。這群研究人員的突破，在於找出先前大家所不知道的新問題：我們會把今天和未來的自己想成不一樣的人。研究人員一旦找出不同的問題點，便想出了解決之道：讓人們看到自己老年的樣子。人們看到之後就能解決更大的問題，也就是鼓勵他們儲存退休金。

這樣的概念轉換讓我們看到在今日要影響他人的第三要素：釐清。這種能力可以幫助他人用更具啓發性的新視野看待自身處境，並且找出自己之前沒察覺的問題。

大家一直都說，好的推銷員是優秀的問題解決者。他們可以評估潛在顧客的需求、分析他們的難題，並提供最佳解決之道。這種解決問題的能力依舊重要，然而在今日這個年代，資訊到處都是，而且人人皆可取得，不再是少數特定人士的特權，相較之下，這種能力的重要性就減弱了。畢竟如果我清楚知道自己的問題是什麼（我要不要買某台特定相機、我想在海灘上休三天假），通常我在不需要任何協助的情況下，就能找到做決定的所需資訊。在我弄錯、疑惑或對自己眞正的問題毫無頭緒時，別人的服務就顯得更爲珍貴。在那樣的情況下，能夠影響他人的能力關鍵在於**找出**問題，而非**解決**問題。

找出要解決的正確問題

一九六〇年代中期，兩位即將成爲傳奇人物的芝加哥大學社會科學家雅各・葛佐斯（Jacob Getzels）與米哈里・契克森米哈宜（Mihaly Csikszentmihalyi）開始研究「創造力」此一難以捉摸的主題。契克森米哈宜在一九六四年一項初步研究中，到鄰近的芝加哥藝術學院（School of the Art Institute of Chicago）招募三十多位四年級美術系學生參與實驗。他把他們帶到一間放有兩張大桌子的畫室，其中一張放著二十七個物品，有的具有異國情調，有的則是日常生活常見的東西，全是學校繪畫課常用的範例。契克森米哈宜要求參與者自第一張桌子選取一個以上的物品，在第二張桌子上擺出靜物構圖，然後畫出來。年輕藝術家用了兩種截然不同的方式進行這項任務。有些人只看了少少幾樣東西，就快速擺好自己的構圖，快速畫出靜物圖。其他人則慢慢來，挑選更多物品，這樣擺擺，那樣擺擺，重新擺放好幾次，畫畫時也花上許多時間。就契克森米哈宜的觀點來看，第一種學生試著**解決**一個問題：我怎麼畫出一幅好畫？第二種學生則試著**找出**問題：我能夠畫出什麼樣的好畫？

契克森米哈宜接著利用學生的成品舉辦了一場小型畫展，要求一群美術專家爲這些作品評分（專家不知道契克森米哈宜的研究內容，也不知道那些畫來自何處）。接著，契克森米哈宜將評分製表，結果專家認爲「找出問題者」的畫遠比「解決問題者」更具創意。一九七〇年時，契克森米哈宜與葛佐斯追蹤同一群藝術家，看看他們後來過得如何。現在他們已經走出校門在工作了，大約一半的人完全脫離藝術的世界，另一半則是專業藝術家，而且大都很成功。後面那一半都是哪些人？他們幾乎全是當年實驗時的「找出問題者」。契克森米哈宜與葛佐斯後來在一九八〇年代初再度追蹤原班人馬，發現相較於像工匠一樣處理靜物畫的問題解決者，找出問題者「在十八年後，依據藝術圈的標準，遠遠較爲成功」。[7] 葛佐斯的結論是：「被找出的問題的品質，預示了解決方案的品質……。在一個領域之中，具有創意者與他人的不同之處，通常不在於更高超的知識、專業技巧或技能，而在於發現與設定問題。」[8]

雖然部分學者不同意契克森米哈宜與葛佐斯區分「解決」與「找出」問題的方式，[9] 他們的研究影響了今日對創意的看法以及學界的研究。兩人和其他學者在後續研究中發現，藝術界、科學界等最具創意突破潛力的人士，通常是發現問題者。這些人士會爬梳來自各領域的大量資訊與新知，實驗不同方法，願意在執行計畫的過程中轉換方向，而且比其他人花更長時間完成工作。

這種強化問題本質的看法，替銷售新世界帶來重大啓示。相較於技術人員簡化事物、演算與解決問題的技能，銷售與「非銷售的銷售」在今日更爲依賴藝術家提出創意、探索與找出問題的能力。箇中原因要追溯到第三章探討的重大變化。在不久以前，買家如果要自己解決問題，將會面對幾層障礙，因此他們會倚賴賣家，那些人能夠取得他們拿不到的資訊。然而在今日，資訊不對稱開始轉爲資訊對稱，「賣方自愼」的原則興起，買方能爲自己做些什麼也在變化，賣方因而必須改變作法，要不然會被淘汰。

舉例來說，假設我到市場上買一台新的吸塵器，如果是十年、十五年前，我會走進一家店，和銷售人員聊一聊，因爲對方擁有的資訊比我多太多。接著，我會依賴他爲我推薦價格合理又符合需求的產品。在今天的話，我可以自己解決這個問題，像是上網查各種產品的規格與評價，還可以上臉書問問題，請朋友與網友推薦。一旦有了幾台中意的吸塵器，輸入幾個字就能比較價格，然後向最便宜的那家訂貨，從頭到尾都不需要推銷人員。

除非我弄錯問題了。

畢竟我最終的目的並非取得一台吸塵器，我要的其實是乾淨的地板。也許眞正的問題是我的紗窗不足以抵擋灰塵，應該換成比較好的紗窗，這樣開窗時，整個家都會比較乾淨。也許我的問題是地毯太容易積灰塵，換條地毯就不需要每天吸地。也許我不該買吸塵器，而是加入住家附近共用家電的互助會。也許我住的地方有人提供便宜的清潔服務，而且無需提供吸塵器。如果有人能用更聰明、更便宜的方式，幫我達成我的主要目標（清潔地板），我會聽那個人的話，甚至可能向他買東西。如果我知道自己的問題，我可以自己解決。如果我不知道，我可能需要其他人幫忙找出來。

這個主題最終出現在幾乎所有談論傳統銷售的對話當中。一個例子是羅夫・修文（Ralph Chauvin）。修文是銷售副總裁，任職於製作曼陀珠、AirHead 水果軟糖等糖果的義大利公司不凡帝范梅勒（Perfetti Van Melle）。他的銷售團隊販售產品給零售商，接著零售商將產品置於貨架上等候顧客上門。然而，他也表示過去幾年事情有了轉變。零售商不再那麼關心究竟要訂多少曼陀珠才合適，他們有興趣的是學習改善營運各面向的方法。修文告訴我：「他們想找的是不偏不倚的事業夥伴。」而那改變了哪種銷售人員最受重視。依據修文的說法，現在最受重視的不一定是「成交者」，也就是提供立即解決方法、確保契約成交的人。最受重視的是那些「能夠和零售業者一起腦力激盪，幫助他們找出新契機，而且知道當下是否成交並不重要的人」。不凡帝糖果的銷售人員運用電腦加加減減以及自己的知識專長，告訴零售商「如何搭配糖果可以讓他們賺到最多的錢」，例如提供五種而非七種口味的曼陀珠，可能反而更理想。此外，要賺到最多的錢，幾乎不可避免地必須同時販售競爭者的產品。修文表示，從某個角度來說，他最好的銷售人員不把自己的工作看成是在賣糖果，而是在販售糖果業的專門知識。

世界其他角落與其他產業也有類似情形。我曾在東京市中心東京車站對街豪華會議室裡，與日本頂尖銷售大師高城幸司會面。高城是銷售顧問公司 Celebrain 的社長，有著數本著作。他告訴我自己剛起步時，銷售能否成功，通常取決於能否取得與運用資訊，然而現在資訊到處都是，今日的重點在於「假設的能力」，也就是釐清接下來會發生什麼事的能力。或是以本書第二章 Palantir 的主管桑卡的例子來說，他底下的「前沿部署工程師」推銷東西，卻不是銷售人員。桑卡告訴我：「他們最重要的任務是找出必須解決的正確問題。」

影響他人的重要特質已經從「解決問題」變成「找出問題」，而且這個轉變觸及各個領域。舉例來說，柏克萊加州大學哈斯商學院（Haas School of Business）現在提供一門「找出問題、解決問題」（Problem Finding, Problem Solving）的課程。該門課的老師表示：「要當個創新的領導者，部分工作是要能以有趣的方式來設定問題，並且……在跳進去解決之前，看清楚問題究竟是什麼。」幾年前，美國信用卓著的企業團體「經濟諮商會」（Conference Board），將一份認知能力列表交給一百五十五位公立學校督學長與八十九位私人企業雇主，請他們評分哪一項是今日勞動力最重要的能力。督學長將「解決問題」列爲第一名，但雇主將該項排爲第八，榮登第一名寶座的則是「找出問題」（problem identification）。[10]

靠著找出問題來影響他人，需要兩項歷久不衰的技能，而且必須讓事情翻轉過來。首先，在過去，最優秀的推銷員擅長**取得**資訊。在今日，他們必須長於**展示**（curating）資訊，也就是整理大量重要資料，然後將最相關、最能說明情況的資訊呈現給他人。第二，在過去，最優秀的推銷員擅長**回答**問題（部分原因是他們擁有潛在顧客缺乏的資訊）。在今日，他們必須長於**問**問題：找出可能性、讓潛在議題浮出水面，以及找出意料之外的問題。所有問題之中，會有一項特別重要。

找出你的框架

活躍於二十世紀中葉的美國廣告主管羅瑟・瑞夫斯（Rosser Reeves）有三大著名事

跡。首先，他發明了「獨特銷售主張」（unique selling proposition）這個詞彙，主張市場上所有產品與服務都必須說明自己與競爭者的不同之處。第二，他是第一個替美國總統選戰製作電視宣傳的廣告人，他的大作包括一九五二年爲艾森豪（Dwight D. Eisenhower）總統所製作、重複強調「我愛艾克」的廣告歌（「I like Ike」，本書第七章「押韻推銷」的先驅；譯註：艾克〔Ike〕是艾森豪的暱稱）。第三，瑞夫斯是廣告界一則著名故事的主角，而那個故事恰恰說明了「釐清」歷久不衰的力量。

故事的細節眾說紛紜，由於過去五十年間不斷被轉述，出現了各種版本，不過內容大致來說是這樣：

一天下午，瑞夫斯和同事在中央公園吃午餐。兩人走回位於麥迪遜大道（Madison Avenue）的辦公室之前，在公園遇到一個坐在地上討錢的男子。那個人擺了一個杯子讓人放錢，旁邊還放了一張紙板，上頭寫著：**我看不到**。

杯裡只有可憐兮兮的幾個硬幣，男子試著打動他人捐錢的努力顯然成效不彰。瑞夫斯覺得自己知道問題所在，他告訴同事：「我敢打賭只要我加幾個字在那個人的牌子上，就可以大大增加他拿到的錢。」朋友不信，便接受了這個賭注。

瑞夫斯接著向煩惱的男人自我介紹，說自己懂一點廣告，可以幫他稍稍修改一下牌子，增加捐錢的數目。男人同意了。瑞夫斯拿出一支麥克筆，加上幾個字，然後和朋友站到一旁觀察效果。

幾乎馬上就有幾個人丟錢到男人的杯子裡。其他人也停下腳步跟男人說了幾句話，然後就從皮夾裡抽出鈔票。一會兒工夫，杯裡就裝滿了現金。原本滿面愁容的盲人感覺到沉重的杯子後，露出喜色。

瑞夫斯加了哪幾個字？

現在是春天而

牌子現在寫著：

現在是春天而我看不到。

瑞夫斯贏得了賭注，而我們學到了一課。「對照」是讓事情清楚起來的一個重要手法。以這個故事來說，乞丐的牌子能夠打動公園裡的人同情他，是因爲牌子上的字強烈對比了盲人與路人的處境。上個世代最重要的社會科學家暨亞利桑那州立大學教授齊歐迪尼把這稱爲「對比原則」（the contrast principle）。[11]相較於單獨看到一件事，通常我們看到對照之後，會更能瞭解那件事。齊歐迪尼過去三十年的研究，讓學界與實務工作者重新理解影響他人的動態互動，他的一項主要發現是，說服的每一個面向都與對照有關，而且通常會放大打動人心的力量。

因此，最基本的問題是：和什麼比？

你可以用各種方法比較類似產品，「框架」（framing）自己提供的東西，讓優點顯現出來。學界的框架文獻浩瀚如山，有時還互相衝突，[12]不過以下五種框架可以讓你釐清事情，幫助你說服他人：

減法框架（less frame）

每個人都喜歡有選擇，但大量研究顯示太多好事可能會變成一件壞事。哥倫比亞大學的希娜・艾恩嘉（Sheena Iyengar）與史丹佛大學的馬克・萊佩爾（Mark Lepper）有一項著名研究，他們在加州門羅公園（Menlo Park）一間頂級超市設立攤位，讓購物者試吃並購買不同口味的果醬。第一次的攤位提供二十四種口味。一星期後，艾恩嘉與萊佩爾設置另一個攤位，這次只有六種口味。不意外，選擇較多的那個攤位吸引較多人潮，選擇較少的則比較沒有人氣。

然而，研究人員檢視顧客究竟買了什麼之後，結果卻十分「驚人」，「似乎挑戰了經典心理學人類動機與經濟學理性選擇理論的基本假設。」在提供二十四種選擇的攤位逗留的消費者中，只有三%的人買了果醬。選擇較爲有限的攤位，則有三〇%的人會買。[13]換句話說，讓消費者的選擇從二十四種減到六種，帶來了十倍的銷售量。

換一個比較近期的研究。一項研究要求參與者想像自己想學德文，然後研究人員將他們分爲兩組。一組必須選擇五七五美元的線上德文課程或四四九美元的德文學習套裝軟體。另一組必須選擇五七五美元的線上同樣課程或四四九美元的套裝軟體，再加一本德文字典。第一組中，四九%的人選了套裝軟體，沒選線上課程，然而第二組只有三六%的人做了相同選擇，儘管套裝軟體比較划算。研究人員的結論是「產品如果附送便宜贈品，可能導致消費者的購買意願下降」。[14]在許多例子裡，多其實是少。

這就是爲什麼資訊的展示如此重要，特別是在一個充滿選擇與替代方案的世界。框架人們的選擇，限制他們的選項，可以幫助人們把選項看得更清楚，不會感到無所適從。現代主義建築大師密斯・凡德羅（Mies van der Rohe）的設計概念，同樣可以用在打動他人：少即是多（Less is more）。

經驗框架（experience frame）

經濟學家將人們從市場上買到的東西分類時，依據的是購買內容的屬性。割草機與漢堡分屬不同類別，漢堡又與按摩服務分屬不同類別。然而，社會心理學家通常會依據我們的意圖來區分我們購買的東西。有些購買行爲屬於**物質購買**（material purchase），「主要意圖是獲得……可以占有的有形物體」，有些則屬於**經驗購買**（experiential purchase），「主要意圖是獲得……可以經歷的單次或系列事件。」[15]

多位研究人員表示，人們從購買經驗中得到的滿足感，遠遠超過購買商品本身。博爾德科羅拉多大學（University of Colorado at Boulder）的立夫・萬博文（Leaf Van Boven）與康乃爾大學的湯瑪士・季洛維奇（Thomas Gilovich）曾調查美國與加拿大人，請他們回想自己最近買過什麼。受訪者大都表示，「經驗購買」令他們快樂的程度超過「物質購買」。

即使是思考未來的購買，人們也預期經驗會比實體商品更能滿足自己。[16]好幾個因素都解釋了這種現象，例如人類很快就能適應物質改變，三星期前讓我們興奮不已的全新超驚豔BMW，現在只不過是上班代步的工具。然而，在加拿大西海岸步道（West Coast Trail）的那次健行，卻一直縈繞心頭。另外，隨著時間過去，我們會忘掉程度輕微的不愉快（壁蝨），卻記得強烈的欣喜（美呆了的夕陽）。此外，經驗讓我們有東西可以聊，有故事可說，讓我們能與他人連結，強化我們的身分認同，而這些都能增加滿足感。

因此，以經驗來框架銷售比較可能帶來滿意的顧客，也能帶來回頭客。所以如果你要賣一輛車，不需要過於強調高級的科林斯（Corinthian）皮椅，而要指出那輛車可以讓買主做什麼，像是參觀新地方、拜訪老友，並帶來許許多多的回憶。

標籤框架（label frame）

如果你念過經濟學，經歷過冷戰時期，或是玩過紙板遊戲，你大概很熟悉囚徒困境（Prisoner's Dilemma）。基本設定是這樣：A與B因爲犯罪被捕，但警察與檢察官證據不足無法將他們定罪，於是決定施加壓力，分別訊問兩名嫌犯。如果A和B都保持沉默，兩個人都會被輕判一個月徒刑或是無關緊要的罪名。如果兩個人都認罪，都會被判六個月徒刑。但是如果A坦承，B保持沉默，B得在監獄蹲十年，A則無罪釋放。同樣地，如果AB對調，B坦承，A保持沉默，則A得在監獄待十年，B無罪釋放。顯然A與B如果合作，一起把嘴閉緊，對兩人都有利，然而如果一方無法信任另一方，只要遭同伴背叛，就會被判冗長刑期。簡而言之，那就是困境所在。

二〇〇四年，以色列跨學科中心（Interdisciplinary Center in Israel）、美國空軍學院（U.S. Air Force Academy）與史丹佛大學的社會科學家募集參與者玩這個遊戲，但他們把名字改掉。在其中一組參與者面前，他們稱這個遊戲爲「華爾街遊戲」，另一組則是「社區遊戲」（Community Game）。光是換掉標籤這樣一個無害的舉動，就會帶來改變行爲的結果嗎？

絕對會。

玩「華爾街遊戲」時，三三%的參與者相互合作無罪開釋，但「社區遊戲」組則有六六%達成互利結果。[17]標籤幫助人們回答了「和什麼比？」這個問題，並爲遊戲定調，暗示被期待的行爲，並讓選擇互利的參與者增加一倍。

一九七五年，一項芝加哥公立學校三個五年級班級的實驗，也得出類似結果。三位西北大學研究人員隨機將班級分爲三組。一週之內，老師、工友及其他人告訴其中一組學生他們極度整潔，而且還是全校最乾淨的班級。第二組的學生只是習慣保持整潔，他們被告知要撿起自己的垃圾、保持桌面清爽，並維持教室整潔。第三組則是控制組。研究者過了一段時間後評估教室的紙屑量，並與實驗開始前的量相比，結果兩者間的差異十分明顯。最乾淨的那組顯然是第一組，也就是被標籤爲「乾淨」的那一組。單單給予正面標籤，幫助學生用與他人相比的方式框架自己，就能提升他們的表現。

缺點框架（blemished frame）

在「影響他人」這個領域，負面事物是不是反而可以加分？三位行銷學教授在二〇一二年進行了一項研究，試圖解答這個問題。他們進行一系列實驗，其中一項是提供參與者一雙登山靴的網購資訊。其中一組看到資訊時，實驗人員列出那雙靴子所有的優點，像是配合腳型的鞋跟、防水材質、五年保固等等。另一組看資訊的時候，實驗人員列出相同的優點，但加上一項缺點：可惜的是，這種靴子只出兩種顏色。結果十分驚人：相較於完全只接受到正面資訊的參與者，得到少量負面資訊的參與者大都**比較可能**

購買那雙靴子。

研究人員把這種現象稱爲「缺點框架」，「在正面描述中加上些微缺點，可以讓那個描述更具正面影響力。」不過缺點效用的運用似乎必須符合兩個條件。首先，資訊處理者必須處於研究人員所說的「低付出」（low effort）狀態，也就是他們並未完全專注於決策，僅用較少心力（也許他們在忙或分心了）。第二，負面資訊必須跟隨正面資訊，不能先講缺點再講優點。再一次，「比較」可以讓事情清楚。「主要的原理是，個人接收到正面資訊後接觸到微弱的負面資訊，那個微弱的負面資訊反而會凸顯或增加正面資訊突出的程度。」[18]

因此，如果你向一個不是很專心聽每個字的人推銷，那就把所有正面的東西都列出來，不過要記得加上一絲絲缺點。誠實告知小缺點，可以讓你提供的東西顯得更美好。

潛能框架（potential frame）

目前爲止，我們看過的例子包括推銷高級果醬、德文軟體，以及一雙很棒但有點小缺點的登山鞋。然而，我們在推銷自己的時候，哪一種框架最合適？最先想到、也很合理的直覺會是用成就框架來呈現自己，像是強調自己過往做過哪些事、待過哪些部門、有哪些豐功偉業。

然而，二〇一二年，史丹佛大學的札克瑞．托馬拉（Zakary Tormala）、傑森．吉亞（Jayson Jia）與哈佛商學院的麥可．諾頓（Michael Norton）所做的一份引人入勝、內容豐富的研究，建議了不同的方式。他們提出我們應該做的其實是強調自己的**潛能**。舉例來說，幾位研究人員要求參與者扮演美國職籃總經理的角色，負責和球員簽約。部分參與者提供合約給擁有五年資歷且過去表現理想的老將，其他人則提供合約給預計生涯前五季能帶來同樣理想數據的菜鳥。平均來說，參與者會給老資歷球員的第六年生涯開固定的四百萬美元薪資，卻給新手開超過五百萬美元的第六季薪資。同樣地，研究人員還測試同一位韓裔美籍喜劇演員謝凱文（Kevin Shea）的兩種臉書廣告，一半的廣告說「他可能是下一個喜劇泰斗」，另一半的廣告則說「他是下一個喜劇泰斗」，結果第一種廣告的點閱率與按讚次數遠超過第二種。學者寫道，此次研究結果比較不尋常的地方，在於「同樣一件事，比起實際上做得很好，人們可能偏好有潛力做得很好」。[19]

研究人員認為，人們常常會覺得潛能比成就值得關注的原因在於，潛能的不確定性較高，而不確定性會讓人們多加深入思考自己正在評估的人。深入思考時，又需要較爲密集的資訊處理，可能帶來更多「這個人是個好選擇」的好理由。因此，下次推銷自己的時候，不要只專注於昨日成就過什麼，還要強調你明日可能帶來什麼。

尋找匝道

一旦找出問題所在及適當框架後，還有一個步驟要做：你必須給人們一條下公路的匝道。

一項大學生慈善捐獻的研究說明了這點。研究人員事先詢問學生，他們的同學之中，哪些人「最不可能」捐食物，哪些人「最可能」捐。找出這兩組人後，研究人員接著把兩組又各分一半，並寄信給「最可能組」與「最不可能組」中一半的人。信上寫上他們的名字，並請他們捐獻特定食物，而且附上要到哪裡捐的地圖。幾天後，研究人員還打電話提醒。

「最可能組」與「最不可能組」另一半的人則收到一封不同的信，裡面沒有寫上他們的名字，只寫著「親愛的學生您好」。另外，信上沒有說明要捐哪一種食物，也沒有附上地圖，寄信後也沒有電話提醒。

哪一項因素比較會影響捐獻結果？是學生的性格還是信的內容？

「最不可能組」的學生之中，收到未說明捐獻細節信函的那一半，最後完全沒人捐獻食物。不過收到同一封信的最可能捐獻學生，也沒有展現令研究人員印象深刻的善心，只有八％的人捐了食物。

然而，詳細告訴學生該如何行動的那封信卻有巨大成效。被認為最不可能捐獻的學生之中，如果他們收到的信具體說明要捐什麼，而且附上地點及地圖，最後未有二五％的人捐了食物。讓他們行動的不只是被請求的關係，還因爲請求的人提供了能抵達目的地的匝道。清楚說明達成方法的具體請求，讓「最不可能組」的捐獻人數達到的「最可能組」中未得到清楚行動途徑者的**三倍**。[20]

這個研究的教訓是：清楚說明理念但沒有清楚說明如何行動，可能會讓人們最後無動於衷。

本章也算是某種匝道。希望各位讀者讀完第二部分後，已經瞭解今日銷售與「非銷售的銷售」所需的三項特質：新的ＡＢＣ原則。我們必須有敏銳的頭腦、靈活的手段，還必須覺得未來充滿可能性。新的ＡＢＣ原則已經讓我們知道該有什麼樣的特質，但還必須知道實際上該做些什麼，因此讀完以下本章「釐清」的樣品手提箱／模範案例後，請翻到第三部分。

樣品手提箱／模範案例

釐清

用兩個「不理性」的問題釐清他人動機

麥可．潘德隆（Michael Pantalon）是耶魯醫學院研究科學家與「動機式訪談」（motivational interviewing）的權威。這個技巧源自於醫療諮詢服務，但後來也被廣泛運用到各領域。「動機式訪談」的目的是讓人們改變自身行爲，但不使用強迫手段，也不威脅利誘，而是試著啓動內心驅力。而要挖掘人們埋藏在心中的驅力，最有效的工具就是問問題。

然而，潘德隆表示，打動他人的時候，並不是所有問題都生而平等。他寫道：「我發現理性的問題難以打動心存抗拒者，反而不理性的問題更能觸動他人。」

因此，假設你的女兒顧左右而言他，拖拖拉拉，死命抗拒，就是不肯準備重要的期末代數考試，採用潘德隆的方法時，你不會說「小公主，妳一定得讀書」或「拜託、拜託、拜託為考試念書」，而是問她兩個問題。

問題一：「如果用一到十來評妳念完的程度，一代表『完全沒準備』，十代表『完全準備好了』，妳準備拿幾分？」

女兒回答完這個問題後，接著問：

問題二：「妳為什麼沒有挑低一點的數字？」

潘德隆在《6個問題，竟能說服各種人》（*Instant Influence*）一書中寫道：「這個問題會讓所有人措手不及。」問為什麼不挑低一點的數字是催化劑。抗拒做一件事的人或是相信某件事的人，大部分不具有「要還是不要」、「是或否」的二元心態，所以不要問「要還是不要」、「是或否」的問題。潘德隆說，只要你想說服的對象有一絲絲想要行動的欲望，要求對方用一到十幫自己評分，可以讓斷然的「不要」變成「也許」。

更重要的是，你的女兒解釋為什麼她選了四而不是三的時候，她會開始說出自己想要念書的理由。原本在幫自己的行爲辯護的她，會在某種程度上開始說明爲什麼她想要有不同的表現。依據潘德隆的說法，那點可以讓她說明自己正向的內在讀書動機，進而增加實際去讀書的機率。

因此如果以一到十來評分，你準備好嘗試潘德隆「兩個問題技巧」的程度是多少？爲什麼你沒有挑比較低的數字？

嘗試一點不熟悉的東西

如同前文所述，對比可以讓事情更清楚，但很多時候，我們已經習慣固守自己的方法，鮮少注意到自己在做什麼，以及爲什麼要做一件事，而這會讓我們難以向他人釐清事物。如同塔夫斯大學（Tufts University）的心理學家山姆・索墨斯（Sam Sommers）所言：「我們需要一點不熟悉的東西，好提醒自己平常對周遭環境有多麼視而不見。」

因此，給自己下列其中一項東西：

迷你震撼：下次開會時，坐在習慣位置的另一頭。回家時，走一條平常不走的路。

去喜愛的餐廳時，不要點平常會點的東西，改選菜單上第十一道菜。

五〇%的震撼：找一天待在平常不熟悉的環境裡。如果你是學校老師，就到朋友的律師事務所閒晃。如果你是會計師，找個下午待在救生員或國家公園巡邏員身邊。

完全震撼：到別的國家旅行，體驗不同文化。回來時，你應該經過了一番衝擊，重新看清楚自己的周遭。

成為「策展人」（curator）

在往日時光，我們面臨的挑戰是**取得**資訊。在今日，我們的挑戰則是**展示**資訊。如果要向自己以及希望打動的人說明這個世界，我們就必須涉水走過每天沖刷我們的大量資料，選擇相關資訊，丟掉不相關的東西。問題在於大部分的人都沒有對抗瘋狂資訊的方法。很幸運地，非營利科技社群媒體專家貝絲・康特（Beth Kanter）幫助新手策展人整理了三步驟：

一、尋找。一旦訂出你想展示的領域（例如中學教育改革、最新滑板流行趨勢、不動產抵押貸款證券的優缺點），列出一張最佳資訊來源清單，接著挪出時間，定期瀏覽那些資訊來源。康特建議至少一天要撥出兩次十五分鐘的時間。瀏覽時，順便蒐集最有趣的資訊。

二、**找出意義**。這是你能提供真正附加價值的步驟：從你蒐集的資料當中創造出意義。作法可以很簡單，像是用幾句話介紹網路連結，甚至是定期整理自己的部落格。康特建議每天都要關心清單上的資源。

三、**分享**。一旦蒐集到好東西並用有意義的方式整理過後，你就準備好與同事、潛在客戶或自己的所有社交網絡分享。方式可以是定期的電子郵件與個人電子報，或是臉書、推特、LinkedIn。分享之後，可以幫助他人用新的角度看待自己的處境，甚至揭露你可以幫忙解決的隱藏問題。

康特寫道：「執行圓滿的策展部分是藝術，部分是科學，但最重要的是要每天做。」更深入的資訊請見她的「圓滿策展入門網站」（Content Curation Primer）：http://www.bethkanter.org/content-curation-101/。

學習如何問更好的問題

在銷售的新世界，問正確的問題比提出正確答案更爲重要。不幸的是，學校的教學重點通常恰巧相反，只教我們如何回答，沒教我們如何提問。「正確問題機構」（Right Question Institute）人員正試著矯正那種不平衡的狀態。他們提出一套辦法，讓教育人士幫助學生學習問更好的問題，而我們這些二十世紀就畢業的人，其實也能受惠。

下次要去拜訪客戶，或是很尷尬地要去見前夫前妻或討厭的老闆之前，試一試「正確問題機構」的「提問技巧」（Question Formulation Technique）：

一、想出問題

絞盡你的腦汁，列出一張問題清單，中間不要停下來批評自己寫下的問題，也不要跟其他人討論或自己回答任何一題。不要編輯。想到什麼就寫什麼。把直述句變成問句。

二、改善問題

逐一檢視自己列出的問題，把它們分成「封閉式問題」（closed-ended，可以用「是」或「不是」回答的問題）與「開放式問題」（open-ended，需要解釋、無法用一個字或「是」／「不是」回答的問題）。接下來，檢視這兩類問題，想一想各自的利弊。最後，把幾個封閉式問題變成一個開放式問題，並把幾個開放式問題變成一個封閉式問題。

三、列出問題的優先順序

選擇三個最重要的問題，想想爲什麼你選擇它們，然後再次編輯，讓問題超級清楚。

這個過程可以幫你找出三個強大的問題來詢問桌子對面的人，幫助雙方釐清自己現在在哪裡、該往哪裡走。更多資訊請見：http://www.rightquestion.org。

閱讀以下各書

市面上有好幾本書也討論了本章提到的部分主題，像是框架論點、找出問題與展示資訊。以下是五本我個人最喜歡的書。

齊歐迪尼的《透視影響力：人類史上最詭譎、強大的武器總析解》（*Influence: Science and Practice*）。齊歐迪尼是全世界推動「說服」學術研究的第一人，這本書是他的經典著作，你一定得讀。我是說眞的，趕快去找這本書來讀。他的大衆工作坊也是一流的，我也有參加。更多資訊請見：http://www.influenceatwork.com。

奇普．希思（Chip Heath）與丹．希思（Dan Heath）的《創意黏力學》（*Made to Stick: Why Some Ideas Survive and Others Die*）。希思兄弟是齊歐迪尼的成功接棒者，他們出版於二〇〇七年的第一本著作是一塊瑰寶，書中教大家透過簡單（simplicity）、意外（unexpectedness）、具體（concreteness）、可信（credibility）、情緒（emotions）、故事（stories）等六大原則，提出會黏的訊息。

奇普．希思與丹．希思的《啓動變革》（*Switch*）。《創意黏力學》出版三年後，希思兄弟再度出了一本同樣優秀的書籍。這本探討變革的書會告訴你，要倚賴一起合作向前的情緒大象與理性騎師（相信我，你讀了就會知道，眞的很有道理）。

布萊恩．汪辛克（Brian Wansink）的《瞎吃：最好的節食就是你根本不知道自己在節食》（*Mindless Eating: Why We Eat More Than We Think*）。釐清的相反是「晦澀」，而「晦澀」

的近親是沒有察覺情況的「不知不覺」。汪辛克讓讀者看到不知不覺是如何讓我們成爲潛藏說服者的獵物，使我們在完全不知情的情況下攝取過量食物。

理查．塞勒（Richard H. Thaler）與凱斯．桑思坦（Cass R. Sunstein）的《推力：決定你的健康、財富與快樂》（*Nudge: Improving Decisions About Health, Wealth, and Happiness*）。兩位教授利用行爲經濟學的研究成果，介紹改變「選擇設計」（choice architecture）將如何推動人們做出更好的人生選擇。

問五個「為什麼」

家裡有小孩的人對於一直被追著問「爲什麼？爲什麼？爲什麼？」一定不陌生，有時候可能會覺得很煩，但小人兒一直問這個問題是有原因的：他們試圖找出在我們居住的瘋狂世界，事情究竟是如何運作的。IDEO是一家獲獎無數的創意設計公司，裡頭的員工在尋找設計問題時，學到要問五個以上的爲什麼。

他們稱那個技巧爲「五個爲什麼」（Five Whys），具體方法如下：你想找出某個人有什麼樣的問題時，問一個「爲什麼」的問題。接著，回應那個答案時，再問一次「爲什麼？」然後再問、再問，一共要問五次爲什麼。

沒錯，這個方法可能會惹惱被你問的人，但你也可能找出令人意外的答案。IDEO解釋：「這個練習會迫使人們檢視與表達自身行爲及態度背後暗藏的原因。」而這也可以幫助你找出最需要解決的潛在問題。

找出那百分之一

很久很久以前我還在念法學院的時候，修過高洪柱（Harold Hongju Koh）教授的「國際商務」（International Business Transactions）。那學期我們在課堂上究竟學了些什麼，我記不太得了，好像有教一點信用狀，還有一些關於海外貪汙防制法（Foreign Corrupt Practices Act）的東西，不過我從沒忘記高教授在一個春日午後教導班上同學的事。

他說如果要瞭解法律或是任何東西，關鍵爲專注在「百分之一」。他要我們千萬不能迷失在細節的雜草之中，而要思考你正在探索的事物精髓：讓剩下的百分之九十九有生命的那百分之一。瞭解那百分之一並且能夠向別人解釋，正是強健心智與優秀律師的標誌。

「釐清」也是這樣。不論是要推銷電腦給一家大公司，或是把一則新的床邊故事介紹給最小的小孩，問問自己：「那百分之一是什麼？」如果你能回答那個問題並讓別人瞭解，別人很可能會被你打動。

第三部分

實戰手冊

7 推銷

一八五三年秋天，美國技工艾利沙．奧的斯（Elisha Otis）找出那個時代重大機械難題的解決之道，正忙著尋找大場地展示自己的發明。

當時，許多美國建築物都有電梯，但這些原始機械的技術原理從阿基米德的年代就沒有多大變化，都是靠繩子、滑輪還有禱告不會出事在運作。所謂的電梯就是一條粗鋼索把一個平台拉上拉下，通常這樣就夠了，除非鋼索突然斷裂、平台摔至地面，讓電梯乘載的東西嗚呼哀哉。

奧的斯找到解決這個缺陷的辦法。他在平台上裝上貨車彈簧，然後又在電梯通道裡裝上棘輪杆。萬一繩子眞的突然斷裂，貨車彈簧做成的安全制動器就會自行啓動，讓電梯不至於急速墜落。這種裝置將可節省大量金錢、拯救大量人命，然而，害怕的民眾對他的發明半信半疑。

因此，奧的斯租下當時全紐約市最大會議中心的展覽大廳。他在地板上架設一個開放式升降平台，以及讓平台上升下降的通道。然後在一個午後，他向前來開會的人士展示自己的發明。他爬上平台，指示助手讓電梯升到最高的地方。他站在離地約三層樓的高度俯視群眾，接著拿出一把斧頭，一下子砍斷讓電梯掛在半空的繩索。

圍觀群眾倒吸一口氣。平台掉了下來，但幾秒鐘內，安全制動器就發揮作用，停下正在墜落的電梯。奧的斯還活著，好好地站在電梯上。他對著震驚的群眾說：「百分之百安全，紳士們，百分之百安全。」[1]

那個瞬間造就了兩個第一。這是第一部安全到足以載送人類的電梯（你可能已經猜到了，這位奧的斯就是後來奧的斯電梯公司〔Otis Elevator Company〕的創始人）。更重要的是，這次的展示以簡單有力的方式傳達出一項複雜訊息來說服他人，這是世界上第一次「電梯銷售」（elevator pitch，譯註：後指用快速簡單的方式推銷自己的主張）。

本書第二部分介紹了三項銷售與「非銷售的銷售」所需的特質，告訴讀者如何當個銷售人。在接下來的第三部分（第七章、第八章、第九章），我會說明「推銷」、「即興」與「服務」三大關鍵能力，討論如何做個銷售人。本章先介紹「推銷」，也就是很像奧的斯在一八五三年所做的，將自己論點中能說服他人的精華部分萃餾出來。以下將從好萊塢說起，讓大家瞭解那個過程的動態，以及推銷本身的目的。

好萊塢教訓

娛樂事業的核心就是推銷。電視電影執行人會與作家及其他創意人士開會，而後者會向他們推銷，說自己的點子將會是下一部超賣座電影或熱門電視影集。有幾部電影本身就讓我們一窺這類場景，例如好萊塢諷刺劇《超級大玩家》(*The Player*)中熱切的作家，保證自己的作品「就像是《遠離非洲》（*Out of Africa*）加上《麻雀變鳳凰》（*Pretty Woman*）」、「這就像是《上帝也瘋狂》（*The Gods Must Be Crazy*），只不過可樂瓶是由一名女演員來扮演！（譯註：《上帝也瘋狂》的劇情為主角撿到空中掉下的可樂瓶後引發的一連串事件。）」然而幕後的真實情形通常是個謎，也因此，兩位商學院教授決定搭直升機到幕後近距離瞧個究竟。

戴維斯加州大學（University of California, Davis）的金柏莉・艾爾斯巴克（Kimberly Elsbach）與史丹佛大學的羅德瑞克・克萊瑪（Roderick Kramer）花了五年時間深入觀察好萊塢的推銷過程。他們旁聽十數場推銷會議，分析推銷時間的對話記錄，並且訪問編劇、經紀人、製作人。這篇刊登在《管理學期刊》（*Academy of Management Journal*）的得獎研究[2]提供了一流指引，就連我們這些坐在串流視訊客廳這一邊的人都能懂。

兩人主要的發現是銷售能否成功，「被推銷者」與「推銷者」同樣重要。更詳細一點來說，艾爾斯巴克與克萊瑪發現，這套複雜儀式底下有兩個程序。第一個過程是被推銷者（主管）會用各種肢體與行爲線索快速評估推銷者（作家）的創意。被推銷者會將熱情、機智、特殊風格視爲正向線索；圓滑、過於努力、提供太多不同點子則爲負面線索。如果被推銷者在頭幾分鐘便將推銷者歸類爲「不具創意」，會議其實基本上已經結束了，儘管時間還沒到。

然而對於推銷者來說，光是被歸類爲有創意還不夠，因爲還有第二道程序。在多數成功的推銷中，推銷者不會等到被推銷者點頭之後，才推銷自己的點子，而是會邀請被推銷者成爲夥件。執行者（他們常會被理論上較具有藝術鑑賞力的工作夥件嘲弄爲「那些穿西裝的」）愈是有所貢獻，點子通常就會變得愈好，也更有可能被放行。研究者發現，最有價值的討論會議發生在「推銷者促使被推銷者完全投入，使得過程像是相互合作。」[3] 艾爾斯巴克表示：「一旦被推銷者感覺自己像是創意合作者，拒絕的機率就會下降。」[4] 這項研究的部分參與者有自己的一套方法描述這樣的動態互動。一位得過奧斯卡獎的製片告訴兩位教授：「到了某一個點，作家必須退回去變成故事的創作人，讓〔執行者〕將自己的需求投射在你的點子上，讓故事對他來說是完整的。」另一位製片解釋，然而「如果是不成功的推銷，當事人就是不肯退讓或完全不聽別人說話。」[5]

這裡有一個重要的教訓：推銷的目的不一定是要讓別人馬上採用你的點子，而是要提出一個很吸引人、能夠開啓對話的東西，讓對方也能參與，最後達成雙贏局面。在一個買家擁有充分資訊與各式選擇的世界，拋出你的推銷說法常常是第一步，但很少是最後一步。

電梯行銷之後的六大推銷法

奧的斯的突破啓發了顧問業等衆多產業。幾乎自電梯隨處可見之後，卡內基（Dale

Carnegie）等大師就建議我們準備好自己的「電梯簡報」（elevator speech）。這裡的概念是，如果你走進電梯時恰巧遇到大老闆，從電梯門關閉到「叮」一聲「你的樓層到了」這中間的時間，你必須解釋你是誰、你是做什麼的。

在二十世紀的好幾個十年，電梯推銷是標準作業程序，然而時代與科技從不等人。在現今二十一世紀，這個經常運用的手法有點過時了。原因至少有兩個：第一，今日的組織通常比過去階層分明的灰色法蘭絨西裝時代還要民主。即使是大公司，多數執行長都像大家一樣坐在小隔間或敞開的樓層，方便與眾人接觸合作，緊閉的門扉愈來愈少見。五十年前，你我能夠和公司執行長溝通的唯一機會在電梯裡，今日我們則可以大搖大擺走到他的辦公角落，或是寄封電子郵件、在全體員工大會上問他問題。第二，二十世紀的執行長踏進電梯回到自己的辦公室時，他大概有好幾通電話與便條紙要回，還有會議要參加，然而在今日，不論是組織高層或新進員工，每個人都得面對不停湧入的資訊，不光是執行長如此。麥肯錫全球研究院（McKinsey Global Institute）估計一個普通美國人一天會聽到或讀到超過十萬個字。[6] 如果我們離開桌子幾分鐘弄杯咖啡，回來的時候將有新的電子郵件、簡訊、推特等著我們，更別提那些我們還沒閱讀的部落格文章、還沒看的影片，以及還沒回的電話（如果你超過四十歲的話）。

今日，我們傳播訊息的機會遠遠超乎奧的斯一輩子所能想像的，然而訊息接收者受到的干擾，也遠比一八五三年聚在一起看著奧的斯平安活下來的與會人士多出許多。因此，我們必須拓展我們的推銷武藝，以配合這個注意力有限與「賣方自慎」的年代。

過去幾年，我一直在蒐集各式各樣的推銷內容，任何東西都不放過，最終歸納出六種繼電梯行銷之後最可能成功的推銷法。以下將介紹這六大手法的內容、它們爲什麼有用、如何加以運用來展開對話並影響他人：

一、一字推銷法

在一個注意力無法持久的時代，最終極的推銷以一字始，以一字終。

「一字推銷法」（one-word pitch）某種程度來說，來自莫里斯・上奇（Maurice Saatchi）。他與哥哥查爾斯（Charles）創辦了上奇廣告（Saatchi & Saatchi）和謀奇廣告（M&C Saatchi）。多年來上奇一直在推廣「一字資產」（one-word equity），主張在住著「數位原住民」（三十歲以下、不大記得起來生活中沒有網路是什麼情景的人）的世界，爭取注意力的戰爭變得更為激烈，但沒有人眞正全面瞭解到這一點。他說人們的注意力不只是縮短而已，幾乎正在消失。要被聽到的唯一辦法，就是將簡潔推展到極致。

上奇寫道：「在此一模式下，公司要在公眾心裡競爭一個字的全球所有權。」公司以及此類推銷的目標，就是「定出它們最想要自己的品牌在全球與哪個特質相關，然後擁有那個字。那就是一字資產」。[7]

任何人想到你，就會說出那個字。講到那個字，就會想起你。

如果這個目標感覺有點不著邊際，想一想幾家已經深入朝這個方向推進的公司就知道了。問一問自己：聽到「search」（搜尋）這個字詞的時候，你會想到哪家科技公司？聽到「priceless」（無價）時，想起了哪家信用卡公司？如果前者你回答 Google，後者回答 MasterCard，你就呼應了上奇的論點。

「今日只有極端簡潔的點子能夠穿透。」他說：「那樣的點子更能輕裝上陣，走得更遠。」雖然上奇命名自己的概念時，用了連字號串起兩個英文字，又用上了第三個字，他堅持極簡法只需要一個字，只要一個字而已。「兩個字構不成一神上帝信仰，那是兩尊神祇，而兩個神比一個神多太多了。」[8]

我們很容易反駁「一字推銷法」與其說是簡單，不如說是過於簡化，最終會讓訊息過於單純化，不過，那樣的看法誤解了「一字推銷法」的構思過程與導入時的刺激效應。將自己的重點縮減成一個字需要嚴格訓練，還必須強迫自己明確。選出適當的字，剩下的就會水到渠成。舉例來說，歐巴馬（Barack Obama）總統二〇一二年的連任選戰策略完全繞著一個字打轉：「Forward」（前進）。這教導我們可以用在推銷的重要一課：

只要一個字就好。

二、問題式推銷

一九八〇年雷根（Ronald Reagan）競選美國總統時，景氣正處於低迷時期。由於打敗現任者向來不是一件簡單的事，即使對手是一九七六年當選、相當容易攻擊的吉米．卡特（Jimmy Carter）總統也一樣，因此雷根必須提出論述，主張卡特是差勁的經濟掌舵人，國家必須更換領導人。雷根向選民推銷時，大可使用直述句：「你們的經濟情況在過去四十八個月以來不斷惡化。」還可以拋出一連串數據，證明美國正經歷逐年上升的通貨膨脹及險峻的失業率。然而他沒有這樣做，而是問了一個問題：「你們現在的生活過得比四年前更好嗎？」

如同第五章所討論的疑問式自我對話，問題常常可以帶來出乎意料的一擊。大量的社會科學研究都建議我們應該更常採取這個方法，然而我們試圖說服他人時，卻很少眞正使出這招。相關研究在一九八〇年代起步時，多位學者發現說服他人的時候，問問題的效果可能勝過提出主張。舉例來說，俄亥俄州立大學（Ohio State University）的羅伯特・本卡蘭（Robert Burnkrant）與丹尼爾・霍華德（Daniel Howard）用一群大學生測試一系列簡短推銷的效果。他們提出一項議題：大學是否應該要求大四學生通過資格考才能畢業。研究者如果用問句替這項政策提出有力的主張（「通過資格考，能否幫助希望進入研究所或專業學校〔professional school〕就讀的人？」），則參與者支持這項政策的可能性，遠遠高出用直述句提出的相同主張。然而，提出問題未必永遠是最好的作法。研究人員還發現如果主張本身**薄弱**，使用疑問形式提出主張反而會帶來**負面**效果。[9]

結果之所以會有差異，其實與問題的作用方式息息相關。我提出主張時，你可以被動接受，但我問問題時，你則被迫要回應。如果是直接問，你必須出聲回答；如果是希望得到正面回應的反問句，你可能會在心中默默回答。一旦開口回答，你至少必須付出少量心力，或是以研究人員的話來說，你必須「更專注於處理訊息內容」。[10]更深層的處理會顯現出有力論點的不動如山與無力論點的脆弱。以前文一九八〇年選戰的例子來說，那個問題對雷根來說很有利，對卡特來說可能是一場災難。如果卡特試著辯駁美國的經濟情勢在他的總統任期有所改善，而在此同時，大多數的投票者並不這麼認為，則此時問他們「你們現在的生活過得比四年前更好嗎？」可能會讓人們更加深入思考，最後的結論可能不同於卡特想要的答案。同樣地，二〇一二年共和黨提名人米特・羅姆尼（Mitt Romney）試著用雷根的問題來和歐巴馬一決高下時，這個策略卻成效不佳。後續的民意調查發現，雖然許多選民的確認為自己的生活比四年前還糟，說自己「更好」或「跟之前一樣」的百分比更高，[11]這個問句的部分攻擊力道因而被削弱。

問題式推銷法藉由多刺激一下人們，讓他們提出自己同意（或不同意）的理由。人們找出自己相信某件事的理由時，他們背書的信念就會更強，也更有可能行動。瞭解這個暗藏的社會心理學之後，下次你要推銷有力論點給潛在雇主、新銷售顧客或猶豫不決的朋友時，你認為你是否應該跳過直述句，改問問題？

三、押韻推銷

律師（特別是辯護律師）這一行就是要打動他人。他們推銷判決意見給陪審團，而結辯是他們的工作不可或缺的一環。結辯是審判期間內所有呈堂證供的最後摘要，也是最終的推銷。好幾天（有時是好幾週）的判決資料被濃縮成精華。

一九九五年，美國律師強尼·科克倫（Johnnie L. Cochran）在法庭上替客戶結辯。他的客戶是被控謀殺前妻與前妻友人的前橄欖球明星O·J·辛普森（O. J. Simpson）。陪審團必須考量的證物之中，有一項是謀殺現場發現的一隻染血手套。根據檢察官的說法，手套所有人是辛普森。爲了說明手套的確屬於辛普森，他們在法庭上要求他在陪審團面前戴上手套。辛普森試著戴上手套但有困難，最後沒辦法套上去。結辯時，科克倫用了以下的話推銷他客戶的無罪：「If it doesn't fit...」（如果戴不進去……）

多數那時已出生的美國人都知道那句話的下半段是什麼：「...you must acquit.」（……無罪日便近）。陪審團最後判決辛普森無罪，其中一個理由就是科克倫的英文七字押韻：If it doesn't fit, you must acquit.（譯註：fit與acquit押韻。）

中文解釋 （譯註：兩個版本意思相同，修改版僅將押韻處換成不押韻的同義字。）	原本押韻的版本	經過修改不押韻的版本
困境使人團結。	Woes unite foes.	Woes unite enemies.
酒後見眞章。	What sobriety conceals, alcohol reveals.	What sobriety conceals, alcohol unmasks.
人生路難行。	Life is mostly strife.	Life is mostly struggle.
小心駛得萬年船。	Caution and measure will win you treasure.	Caution and measure will win you riches.

二〇〇五年去世的科克倫，當時可能是憑著直覺與經驗說出那句話，但他的說話技巧有大量社會科學文獻的支持。例如拉法葉學院（Lafayette College）的馬修．麥可格倫（Matthew S. McGlone）與潔西卡．托菲巴克許（Jessica Tofighbakhsh）在一項二〇〇〇年的研究中，讓參與者看六十句格言，並要他們評分每一句格言是否「精準描述人類行爲」。[12]研究人員同時列出人們熟知的押韻格言及經過修改的不押韻版本，如上表所示：

參與者認爲中間欄的格言遠比右欄眞確，雖然其實兩欄講的事基本上一樣。然而研究人員問他們：「你認爲押韻的格言是否會比不押韻的格言更能準確描述人類行爲？」答案一面倒爲「不會」。可見參與者是**下意識地**認爲押韻版本較爲精確。只有被明白要求在不考慮文字形式的情況下解讀意義時，參與者才會將兩欄文字評爲同等精確。[13]

背後的道理是什麼？押韻可以增進語言學家與認知科學家口中的「處理流暢度」（processing fluency），讓我們的心智能輕鬆分解與解讀刺激。押韻好吃又好吞，我們會將那樣的流暢感等同於精確度。從這個角度來說，押韻可以增加合理性。

那解釋了爲什麼以「甘貝熊」聞名的德國糖果公司 Haribo 在各國推廣事業時，都會配合每一國的語言採取押韻推銷法。

舉例來說，Haribo 的英文押韻廣告爲：「Kids and grown-ups love it so—the happy world of Haribo.」（大人小孩超愛它——Haribo 的快樂世界；畫底線字押韻。）

法文版：「Haribo, c'est beau la vie—pour les grands et les petits.」（Haribo，美好生活——給大人小孩；畫底線字押韻。）

西班牙文版本：「Haribo, dulces sabores—para pequeños y mayores.」（Haribo，美味糖果，給大人小孩；畫底線字押韻。）

你也能將 Haribo 採取的策略運用在自己的工作與生活之中。如果你要在市議會作證，提供押韻的重點摘要能讓議員在考慮你的提案時朗朗上口。如果你是自由業者，受邀和其他人在一個大型潛在客戶面前簡報，一句押韻的話可以讓你的聽衆更流暢地處理資訊，他們在比較你和你的競爭者時，你的訊息會留在他們心中。記住：押韻的推銷更爲高超。

四、主旨欄推銷

電子郵件已經深入我們生活的每個面向，如同全錄公司（Xerox）PARC 研究人員所說的一樣，電郵「現在更像是一種棲息地而非應用」。[14]然而，如同所有的棲息地，我們愈是融入其中，就愈少注意到獨特地貌。那就是爲什麼許多人沒發現自己寄的每封電子郵件，都是一次銷售。寄信是在請別人撥出注意力，也是在邀請他們參與。

一個人會不會收下那份邀請，或是眞的打開郵件，大部分要看是誰寄的。如果有一間從來沒聽過的公司寄來一封信，號稱你會需要一個你永遠不需要的產品，你不太會打開來看，但如果是老闆或女友寄來的信，你就比較可能讀下去。不過，人們會不會讀一封電子郵件的第二重要元素則是主旨欄，也就是預告與承諾信件將說些什麼的大標題。

二〇一一年，三位卡內基梅隆大學（Carnegie Mellon University）的教授進行了一系列研究，檢視爲什麼有些信件主旨會比其他主旨有效。他們在其中一項實驗使用了「放聲思考法」（think-aloud method），參與者檢視電子郵件信箱，然後敘述他們決定閱讀、回覆、轉寄或刪除哪些郵件。研究人員發現參與者會依據兩個要素來下決定：實用（utility）與好奇（curiosity）。人們很有可能「閱讀直接影響自身工作的郵件」。這點沒什麼好驚訝的。然而，人們「如果對於信件內容有中等程度的不確定性時（換言之，他們『好奇』信中講了些什麼），他們也可能打開郵件。」[15]

實用與好奇的影響程度大約相等，但似乎互不影響。收信人接到眾多電子郵件時，「實用」的影響程度最大，然而「在低要求情境下，好奇會〔引人〕將注意力放在郵件上」。爲什麼不同情境下人會有不同行爲，一個解釋是選擇背後的動機。人們會因爲外部因素打開有用的電子郵件，其中有利害關係。他們打開其他郵件則是爲了內部因素，他們就是好奇。大量研究顯示，試圖在外部因素之外加上內部動機，通常會有反效果。[16] 因此，卡內基梅隆大學研究者表示，你的電子郵件主旨應該對收件人明顯有用（最好和最便宜的影印機在這裡），或神祕到令人想一探究竟（影印機大突破！），但不要兩者混和（佳能 IR2545 是大突破！）。此外，考量大部分的人要應付多少郵件量，實用性常常會勝過神祕性，雖然在某些情況下，用刺激神經、甚至是空白的主旨欄引發收信人內心的好奇，也能帶來出乎意料的效果。

除了實用與好奇之外，還有第三條原則：具體（specificity）。沒錯，受歡迎的廣告文案網站 Copyblogger 創始人布萊恩・克拉克（Brian Clark）建議，主旨欄應該「超級具體」。[17] 因此，「改善你的高爾夫揮桿」這種模糊主旨的成效，會低於「今天下午就改善高爾夫揮桿的四大祕訣」。

如果我猜你的收件匣已經爆滿，而我想寄一封電子郵件推銷上面五個段落，那麼運用上文的實用、好奇與具體三原則，我的主旨欄可能會是「三個吸引人打開電子郵件的方法：簡單但有效」。但如果我猜你的信箱沒那麼滿，而且我們很熟，我可能會這樣寫「我剛剛聽到幾件跟電郵有關的有趣怪事」。

五、推特推銷

愛荷華大學蒂皮商學院（Tippie College of Business）每年會收到三百多份申請書，搶著申請隔年約七十個名額的MBA課程。申請人會附上自己的大學成績、標準商學院入學測驗分數、推薦信，以及數篇論文（essay）。然而在二〇一一年，蒂皮在申請程序中加入一項競賽，測試學院即將要教育的這些未來企業領袖的推銷本領。學校問了一個相當標準的論文題目：「爲什麼你是個優於他人的蒂皮全職MBA候選人與未來專業工商管理人才？」不過，申請人必須以推特的形式回答，也就是一百四十字以下的微型訊息。[18]

歡迎來到推特推銷（Twitter pitch）的世界。這種手法利用推特爲平台，並以推特字數作爲侃侃而談的限制。身兼程式設計師、設計師與投資者的史托．鮑伊德（Stowe Boyd）是此種形式的先驅。二〇〇八年，他正準備參加一場會議，預備與幾間新創公司人士會面。爲了避免被陷在一群急切的創業者之中，他要求希望會面的人先用推特自我推銷。有人評論這種方式「快速、容易且切中要點，可以省去公關的喋喋不休，強迫公司以一百四十字以下摘要自己的業務內容」。[19] 隨著推特愈來愈深入我們的生活，鮑伊德的「推特提案」（twitpitch）已經成爲每個人說服工具箱裡另一種重要的工具。

一則有效的推特或任何有效的推銷，其共同標誌是能讓訊息接收者一同參與，並且鼓勵他們透過回應、點閱連結或與他人分享推特文來推展對話。幾位認眞研究此一新型媒體的學者發現，其實只有少數幾種推特文章能達成那些目標。二〇一一年，卡內基梅隆大學、麻省理工學院（MIT）、喬治亞理工學院（Georgia Tech）三位電腦科學家，首度全面研究他們口中的「微網誌內容價值」（microblog content value）。他們架設了一個名爲「誰甩推特」（Who Gives a Tweet）的網站，邀請推特使用者評分他人的訊息，別人也會幫他們評分。研究人員分析超過四萬三千則評分後，看到的是一種中學輔導老師會說的「未能發揮潛能」的傳播媒介。依據讀者的評分，僅有三六％的推特文值得一讀。考量到研究參與者評估的是他們自己選擇關注的推特，這個數字是出乎意料地低。參與者指出二五％的訊息完全不值得一讀。此外，三九％的訊息則被評爲「中立」。以我們每日接收到的訊息干擾量來說，這個數字等於是說，那些中立訊息也完全不值得一讀。[20]

得分最低的推特訊息可分爲三個類別：「抱怨」（Complaints；「我的班機誤點了，

又來了」）、「我現在在做什麼」(Me Now；「我要來點鮪魚三明治」），以及「保持存在感」（Presence Maintenance；「大家早安」）。[21]然而，三個得分最高的類別，則讓我們透過推特這個新媒介對銷售有更多認識。舉例來說，得到最高評分的是問關注者問題的推特文，再次印證問句能夠增加參與和說服他人的力量。讀者看重的是能提供資訊與連結的訊息，特別是如果內容新鮮、能提供第六章所述的清楚視野。此外，自我推銷文（那些最終極的銷售推銷）也能得到最高分，前提是推銷的內容同時提供有用的訊息。[22]

這讓我們回到了愛荷華大學提出的推特自我推銷競賽。第一屆冠軍是約翰・葉慈（John Yates）。他以俳句形式創作出得獎作品（甚至在每行文字後面列出音節數；譯註：俳句爲三行形式，每行各爲五、七、五個音節），強調自己曾在亞洲工作的經驗：

Globally minded (5)（全球化思考）
Innovative and driven (7)（創新與努力不懈）
Tippie can sharpen (5).（蒂皮成推手）

這不是一首感人肺腑的俳句，不過能挑起興趣、提供相關資訊，還讓作者拿著三萬七千多美元的獎學金在隔年進入蒂皮商學院。算一算，年輕的葉慈先生有能力寫一個字母拿到六百多美元、一個音節超過三千美元，他可能會在銷售的新世界大展鴻圖。

六、皮克斯推銷

位於好萊塢北方六百四十三多公里處、舊金山灣東緣一座小城市裡，有著一棟令人意想不到的娛樂巨人總部。坐落於加州愛莫利維爾（Emeryville）的皮克斯動畫工作室（Pixar Animation Studios）一九七九年成立時，是盧卡斯影業（Lucasfilm）旗下怪咖聚集的電腦圖形部門。三十五年後，皮克斯成爲影史上最成功的工作室。從一九九五年的《玩具總動員》（*Toy Story*）開始，皮克斯製作了十三部電影，全球票房達七十六億美元，平均一部電影的票房爲驚人的五億八千五百萬美元。[23]《海底總動員》（*Finding Nemo*）、《超人特攻隊》（*The Incredibles*）、《料理鼠王》（*Ratatouille*）、《瓦力》（*WALL-E*）、《天外奇蹟》（*Up*）、《玩具總動員3》（*Toy Story 3*）等六部影片，替皮克斯拿下奧斯卡最佳動畫長片獎，更別提工作室一共把二十六座奧斯卡獎帶回家。

皮克斯是怎麼辦到的？「成功之母」有好幾個：賈伯斯（Steve Jobs）擁有遠見，很早就投資這間公司；華特迪士尼公司（Walt Disney Company）擁有發行與行銷力量，很早就與這間工作室達成發展協議，並於二〇〇六年併購；皮克斯的技術與藝術人才團隊，也以高度專注於細節聞名於世。然而，故事本身也是皮克斯能有今日的另一項原因。

工作室的前故事藝術師（story artist）艾瑪・寇特斯（Emma Coats）破解了皮克斯密碼，並在過程之中建立一種令人無法抗拒的新式推銷範例。寇特斯指出，每部皮克斯電影都有相同的敘事DNA，故事的深層結構按照六個句子說下去：

很久很久以前＿＿＿＿＿＿＿＿。

每一天＿＿＿＿＿＿＿＿。有一天＿＿＿＿＿＿＿＿。

因爲那樣，＿＿＿＿＿＿＿＿。因爲那樣，＿＿＿＿＿＿＿＿。

到了最後＿＿＿＿＿＿＿＿。

舉例來說，《海底總動員》的情節如下：

很久很久以前，有一隻喪偶的魚叫馬林，牠極度保護獨生子尼莫。每一天，馬林都會警告尼莫海洋很危險，哀求牠不要游太遠。有一天，尼莫爲了反抗父親，不顧警告游到開放海域。因爲那樣，牠被潛水夫抓到，最後被放進雪梨一個牙醫的水族箱裡。因爲那樣，馬林踏上了尋找尼莫的旅程，一路上得到其他海洋生物的幫助。到了最後，馬林與尼莫找到了彼此，牠們團聚，學到愛必須倚賴信任。[24]

此一「六句公式」有效又有彈性，讓推銷者利用故事強大的說服力（許多研究都證實了此點），[25]但又有一定的框架，強迫你要簡潔並遵循規範。

假設你隸屬於某一非營利組織，你們發明了可以在家測試人類免疫不全病毒（ＨＩＶ）的工具，正在尋求贊助者。你可以運用以下的皮克斯推銷：

很久很久以前，非洲許多地區飽受疾病折磨。每一天都有成千上萬的人死於愛滋與相關ＨＩＶ疾病。很多時候，這是因爲他們不知道自己身上帶有病毒。有一天，我們研發了一種便宜的ＨＩＶ在家檢測工具，人們只需取得口水檢體，就能自我測試。因爲那樣，愈來愈多人得以測試。因爲那樣，感染人士能夠尋求治療，並採取行動避免傳染他人。到了最後，這個危險疾病的傳播速度慢了下來，更多人能活得更久。

甚至本書也可以用皮克斯銷售法來摘要：

很久很久以前，只有一些人身處銷售這一行。每一天，他們賣東西，我們製造東西，每個人都幸福快樂。有一天，所有事都變了：我們最後全都身處銷售這一行——而銷售也從「買方自愼」的世界變成「賣方自愼」。因爲那樣，我們必須學習新的銷售ABC——調頻、浮力與釐清。因爲那樣，我們必須學習一些新技能——推銷、即興與服務。到了最後，我們瞭解銷售無關於適應冷酷市場文化的掙扎過程，銷售就在我們的體內——因此我們只要行事符合人性就能做得更好。

要如何運用以上六大推銷法？想像一下你住在虛構的畢斯頓鎮，附近的吉諾娜河上

有一座橋連接你居住的小鎮及大城市亞柏維爾。那座橋現在搖搖欲墜，而你是鎮民運動的領袖，你們呼籲把舊橋換成現代的四線道大橋。你必須說服很多人——鎮公所、畢斯頓鎮民，可能還得說服亞柏維爾部分人士。此外，你還必須做許多工作，想辦法找到造橋資金、評估環境影響、決定由誰來設計與造橋等事宜。雖然困難重重，你可以運用六大推銷法展開對話，最後得到想要的結果。

舉例來說，你可以運用皮克斯銷售法：

很久很久以前，從畢斯頓到亞柏維爾必須耗費許多時間。每一天，人們試著過舊橋，但很花時間，有些人因爲老是拖到時間，再加上安全考量，乾脆放棄。有一天，鎮民集資建了一座現代化的新橋。因爲那樣，畢斯頓鎮民不再需要浪費那麼多時間，家人也更有安全感。因爲那樣，有更多人能到亞柏維爾工作與購物，經濟因而被帶動。到了最後，新橋成爲生活中不可或缺的一部分，我們奇怪當初怎麼等了那麼久才建。

你的推特推銷可以附上網路連結，連到藝術家畫的新橋想像圖，並說明新橋的好處，吸引人們點進去看：「瞭解未來的畢斯頓到亞柏維爾有什麼樣的新貌，以及爲什麼我們必須創造那樣的未來。」

如果你想寄資訊給其他畢斯頓鎮民，你的主旨欄推銷訊息可以是：「畢斯頓家庭支持新橋的三大原因。」

你的押韻推銷？「市鎮相連，機會無限。」

你的問題式推銷可以幫助人們思考自身經驗：「去亞柏維爾一定要那麼辛苦嗎？」

你的一字推銷則可以解釋爲什麼要努力推動這件事（這也是本章很重要的教訓）：Connect（連結）。

樣品手提箱／模範案例

推銷

練習你的六大推銷法

我們可以利用三大方法學習與精進六大推銷法：練習、練習、練習。你可以從以下練習出發（還可以造訪 http://www.danpink.com/pitch 取得更多練習表格）。

一、一字推銷法

專家提示：寫下一段五十字文案。縮減成二十五個字，然後是六個字。剩下的這六個字中，幾乎一定有一個字可以成爲你的一字推銷。

牛刀小試：＿＿＿＿＿＿＿＿＿＿＿＿。

二、問題式推銷

專家提示：如果你的論點強而有力，可以採用這個辦法。如果不強，就用直述句。更好的選擇是找出新論點。

牛刀小試：＿＿＿＿＿＿＿＿＿＿＿＿＿＿＿＿＿＿＿＿＿＿＿＿＿。

三、押韻推銷

專家提示：不用搜索枯腸找韻腳。網路上就有押韻字典。「RhymeZone」（押韻天地）是我個人的最愛（http://www.rhymezone.com）。

牛刀小試：＿＿＿＿＿＿＿＿＿＿＿＿＿＿＿＿＿＿＿＿＿＿＿＿＿。

四、主旨欄推銷

專家提示：回去看一看自己先前寄的二十封電子郵件的主旨。看看有多少採用了「實用」或「好奇」的策略來吸引他人閱讀。如果數目少於十，重寫沒有達到標準的主旨。

牛刀小試：＿＿＿＿＿＿＿＿＿＿＿＿＿＿＿＿＿＿＿＿＿＿＿＿＿。

五、推特推銷

專家提示：雖然推特可以寫到一百四十個字，把你的文案限制在一百二十字以內，讓別人可以接力下去。記住：最好的文案簡潔、令人愉悅，而且輕輕鬆鬆就能「回推」（retweet）。

牛刀小試：＿＿＿＿＿＿＿＿＿＿。

六、皮克斯推銷

專家提示：閱讀前皮克斯故事藝術師寇特斯完整的二十二條故事守則：http://bit.ly/jIVWrG。

牛刀小試：很久很久以前＿＿＿＿＿＿＿。

每一天＿＿＿＿＿＿。有一天＿＿＿＿＿＿。

因爲那樣，＿＿＿＿＿＿＿＿＿＿。

因爲那樣，＿＿＿＿＿＿。到了最後＿＿＿＿＿＿。

回答三個重要問題

準備推銷文案時，不論選擇了什麼樣的組合，都要釐清自己的目標與策略。請確認你能回答以下三個問題：

有人聽完你的推銷時……

一、你希望讓他們**知道**什麼？

二、你希望讓他們有什麼樣的**感覺**？

三、你希望他們**做**什麼？

如果你能想到很好的答案回答這三個問題，你的推銷會更天衣無縫。

蒐集別人的推銷台詞並寫下自己的點子

藝術家如何能讓作品更完美？當然他們會靠練習達到這一點，但他們也會留心周遭事物。畫家會參觀畫廊，觀賞其他藝術家的作品，留心他們的技巧。歌手會錄下一首歌的初期版本，反覆聆聽，然後想辦法讓那首歌更完美。推銷也是自成一個領域的藝術，因此你的行動也應該像個藝術家。

舉例來說，你可以準備一本推銷筆記本，在小記事本或智慧型手機上，寫下你在世界各地聽到的優秀推銷，像是一句聰明的廣告台詞、母親對孩子的要求、同事想更換指派工作的請求。這個練習有兩個目的，一是讓你留意周遭所有的推銷，二是幫助你瞭解哪些技巧能打動他人、哪些則被當成耳邊風。

此外，試著錄下你的練習。打電話給自己，在語音信箱留下自己的銷售台詞，或是利用智慧型手機的語音聽寫應用程式。接下來，聆聽那些錄音。你所說的話聽起來有道理嗎？你的音調聽起來如何？說話速度如何？聽自己的聲音可能會有點痛苦，但這是一個聰明的練習方法，可以讓你省去未來更多痛苦。

加上視覺輔助

每個作家都討厭這句話：「一張圖勝過千言萬語。」這句英語格言不押韻，但仍然說出了幾分事實。幾乎所有推銷的主要成分都是字詞，有時候甚至只有**一個**字，但還是可以利用影像來調味。舉例來說，運用問題式推銷、一字推銷與押韻推銷時，可以加上一張能說明主旨的照片或圖片，讓你的推銷更爲生動有趣。隨著數位傳播愈來愈不倚賴文字，愈來愈向圖片靠攏，你的主旨欄與推特推銷可以連結至具有吸引力的視覺輔助。你甚至可以利用道具。舉例來說，假設第三章的經濟學家艾克羅夫要推廣資訊不對稱帶來一連串結果的概念，他可以拿著一顆檸檬。

同樣地，影片除了可以帶來電子通訊的效率，還可以帶來看見臉孔與聽見聲音的親近感。一項絕佳技巧是利用電子郵件寄出短片。這很簡單，而且通常是免費的，你可以試一試 QuickTime（細節請見 http://www.quicktime.com）。

試一試 pecha-kucha

PowerPoint 就像是天氣或實境節目一樣：每個人都在抱怨，但沒有人起而行做些什麼。不論是工作或學習，我們都必須忍受喋喋不休的人們。他們用分項符號小圓點麻醉我們，在黑暗的會議室裡竊取我們的靈魂，然後烤成 3D 圓餅圖。

然後救星出現了。在東京發展的建築師馬克・戴薩姆（Mark Dytham）與阿斯特麗德・克萊恩（Astrid Klein）調配了 PowerPoint 糟糕簡報的解藥。他們稱自己的發明爲「pecha-kucha」*，日文意思是「喋喋不休」。

一場 pecha-kucha 簡報共有二十張投影片，每張會在螢幕上出現二十秒。就這樣。規定很嚴格，重點就在這裡。不能是十九張投影片或二十一秒，一定要是二十乘二十。簡報者會用六分四十秒的時間，以時間抓得剛剛好的話語與影像推銷自己想說的東西，然後就閉嘴坐下。此一有限制的格式可以強迫你釐清事情。此外，投影片會自動播放下一張，簡報者傳遞訊息時必須簡潔並掌握速度。

自 pecha-kucha 二〇〇三年問世以來，已經像良性病毒一樣散播開來，變形成爲全球性運動。數家機構的內部簡報都採用這個方法。此外，克萊恩與戴薩姆還在全球五百四十七個城市舉行免費的「Pecha-kucha 之夜」（PechaKucha Nights）。你可以參加、瞭解詳情，然後自己試試看。進一步資訊請見：http://www.pecha-kucha.org。

留心順序與數字

社會科學文獻充斥著順序與數字如何影響推銷的趣味發現（有時相互矛盾）。以下是兩項證據充分的一般規則（我附上了論文連結，想進一步瞭解的人請自便）。

---

* 發音爲「puh-CHOCK-chuh」。

一、如果你目前是贏家，那就第一個上場。如果你是挑戰者，那就最後再上去。

維吉尼亞科技大學（Virginia Tech University）的研究顯示，好幾位賣家逐一上台推銷的銷售簡報競賽中，市場領導者如果最先簡報，最有可能被選上，但如果是挑戰者，最好的出場順序顯然是最後一個（http://bit.ly/NRpdp6）。從此一研究看不出這個原則能運用到其他多少場合，但一般來說，如果排在中間，你很可能會被輾過。

二、精細數字比約略數字讓人更有信賴感。

一項密西根大學研究要求參與者評估兩種衛星導航系統裝置的電池壽命。其中一個裝置宣稱自己的電量「可達兩小時」。另一個裝置的電量也是一樣，但數字比較精細：「可達一二〇分鐘。」參與者評估第一個裝置的電池可維持八十九分鐘，卻認爲第二個裝置可以撐比較久，達一〇六分鐘（http://bit.ly/yapcPA）。

請大家用三個字描述你無形的推銷

我們不一定有自覺，但我們的所作所爲本身也是推銷。我們隨時隨地都在傳遞訊息，告訴別人我們是什麼樣的人、我們做什麼工作，還有我們的組織是什麼樣子——別人都會解讀這些訊息。

花點時間找出別人認爲你在說什麼。從同事、朋友、家人之中找十個人，請他們用三個心中想到的字詞回答以下其中一個問題：「我的公司是做什麼的？我的產品或服務是什麼？我是什麼樣的人？」清楚說明你不要他們回答外在特質（「又高又帥」），而是比較深入的答案。

蒐集到答案之後，找出其中的模式。很多人會很驚訝地發現，「他們以爲自己傳達的東西」及「其他人實際上聽到的東西」並不一樣。知道這一點後，就可以開始改善了。

8 即興

晚春一個令人昏昏欲睡的週二上午，我卡在一個詭異的浪漫姿勢：我在一棟曼哈頓辦公大樓的十四樓，面前貼著一個不是內人的女性，我站在那，深深凝視她的眼睛。

不要怪我踰越道德，要怪就怪我的耳朵。就像大部分人一樣，我這輩子有一副好耳朵，但從來沒人教我如何好好使用，因此我來到這個奇怪的地方學習如何聆聽。狹小的會議室裡有窗戶，但上面罩著沒有花樣的棕色紙張。如同身旁十三位企業主管（他們有的來自美國銀行〔Bank of America〕等大公司，有的則來自名稱拼法詭異的數位新創公司），我來這裡跟著一位老師學習。老師的名字是凱西．沙利特，她在一九七〇年自八年級輟學，開始在曼哈頓上西城討生活，成爲社區組織者，然後擔任演員，經過幾次特殊轉變後，她目前的工作類似於「銷售提示者」（sales whisperer）。

她經營一家名為「終身表演」（Performance of a Lifetime）的公司，教導企業人士即興劇場——目的不是讓他們在紐約格林威治村通風不良的俱樂部獲得低報酬的表演工作，而是讓他們更有效地處理日常工作。沙利特的教學重點是教人聆聽。

當我等著沙利特開始上課時，一個戴著眼鏡、下唇比上唇突出的學員問我在哪裡高就。

我告訴他：「我是個作家。」我用裝出來的興高采烈試圖展開對話：「我替自己工作。」

男子轉身離開，不再跟我說話。看來這個人需要別人教他聆聽（或者我自己需要重讀「推銷」那一章）。

因此第一次分組練習時，我避開那個人，找了一個跟我年紀相仿、苗條優雅的女士。她是一家化妝品大公司的高階主管，外表一看就是做那一行的人。四吋高跟鞋包住她小巧的腳，腳上塗著石板灰指甲油，身上則是棕色褲子與透明藍色波浪上衣，金到發白的秀髮梳成一顆緊緊的芭雷舞者包包頭。

我們面對面站在一起，我沒刮鬍子的下巴離她瓷器般秀氣的鼻子只有幾公分。沙利特說，我們的第一課是「鏡子練習」。我們要看著組員的眼睛，一舉一動都要模仿對方，就好像盯著鏡子看一樣。

我的組員緩緩舉起右手，所以我緩緩舉起左手。她舉起左手，手掌翻過來面對我。我把右手舉到相同高度，然後手掌往外翻。她的頭移到右邊，我也馬上把頭轉到左邊。抬腳、聳肩、彎膝蓋……所有動作都一致。

兩人的距離實在太近，近到讓人有點尷尬。被迫和一個毫無魅力的陌生人如此親密，眞是令人不舒服——我猜她是這麼想的。

接著沙利特按下那種你會在驚悚片貝茲汽車旅館（Bates Motel）櫃台看到的喚人鈴，換我先做動作了。我雙手扠腰，她纖細的手臂也做出同樣姿勢。我兩腳站開，她也兩腳站開。我扣住手指，舉到頭頂，她也做相同動作。我的身體順時鐘轉，她……我想現在你們都懂了。

如同我們在第四章學到的，策略性模仿可以幫助我們從別人的角度看事情，然而我們這裡所做的鏡像模仿則有不同目的。沙利特要教我們即興劇場的技巧——事實證明，不論是誰，如果想要影響他人，這便是關鍵能力。

銷售與劇場有許多共通之處：兩者都需要膽量。推銷員要拿起電話打給陌生人，演員則要走到舞台上面對陌生人。兩者都會遭遇拒絕——推銷員會碰到重重關上的門，還會碰到別人懶得接電話，以及一堆的「不用」。演員會碰到爭取不到角色、沒有反應的觀眾、嚴厲的影評。此外，兩者都走過類似歷程。

舉例來說，劇場一直倚賴劇本，演員可以用自己的方式詮釋，但劇本會告訴他們該說什麼，很多時候還會告訴他們要如何說、在何處說。美國的銷售先驅試圖複製劇場預先設定好的方式。在十九世紀晚期創立國家收銀機公司（National Cash Register Company, NCR）的商業鉅子約翰·H·派特森（John H. Patterson），要求旗下所有推銷員背誦劇本。如同哈佛大學商業歷史學家華特·弗利德曼（Walter Friedman）所述，隨著時間過去，這些劇本變得愈來愈詳細——從簡短的入門書「我如何推銷國家收銀機」（How I Sell National Cash Registers）變成近兩百頁的銷售手冊。[1] 弗利德曼表示，這些愈來愈詳盡的指南還會附上國家收銀機公司的舞台指令：「不只專注於推銷員應該說什麼，還告訴你在說的同時應該做什麼。」公司的獨白之中有星號，「提醒推銷員此時手要指著正在介紹的東西」，例如：「先生，這個時候這台收銀機＊會列出細項，這片玻璃＊下方會顯示交易明細＊。」[2]派特森與員工甚至編寫了《爭論指南》（*Book of Arguments*），如果客戶有任何問題或不滿，推銷員可以用事先排練過的台詞因應。

國家收銀機公司仔細撰寫迷你戲劇的劇本，努力讓賣方有幸福快樂的結局。這種作法在二十世紀大部分時間主導了全世界的銷售，現今仍是現代銷售風景的一部分——銷售組織設定詳細的過程與經過觀眾驗證可行的台詞，引導公司演員走向最後一幕。在穩定、可預測的環境裡，也就是買家擁有最少選擇、賣家擁有最多資訊時，劇本可以帶來良好成效，然而那樣的情境愈來愈不常見。如果公司官網已提供「常見問題」，背誦《爭論指南》的用處就比較少了。此外，顧客也可以直接從自己的社交網絡瞭解真相。

劇場提供了部分指示，讓人知道如何應對接下來的事。數百年來，除了插花的小丑或啞劇，大部分的舞台表演都倚賴演員背誦他人寫出的台詞。的確，一直到一九六八年，英國每一齣戲劇都必須經過宮務大臣（Lord Chamberlain）辦公室閱讀批准，才能在英國上演，而且宮務大臣還會派人監督演出，確認演員照本宣科。[3]

然而大約在五十年前，兩位創新人士開始挑戰這種完全依賴劇本的形式。第一位是薇歐拉．史波琳（Viola Spolin），這位美國人在一九四〇與五〇年代設計出一套遊戲，一開始是爲了孩子而設計，後來則是爲了專業演員。這套遊戲包括即興的演員、台詞與場景。在一九六三年，她的著作《劇院即興》（*Improvisation for the Theater*）列出了相關練習，很快成爲劇場演出的重要依據。史波琳的兒子保羅．席爾斯（Paul Sills）繼承了家業，成立傳奇性的「第二城」（Second City）新劇團將母親的理念發揚光大。曾經待過這個劇團的成員（例如約翰．貝魯西〔John Belushi〕、史蒂芬．科爾伯特〔Stephen Colbert〕、蒂娜．菲〔Tina Fey〕）以不用劇本、現場演出的喜劇表演功力，塑造了美國大眾娛樂。

第二位創新者是在倫敦皇家宮廷劇院（London's Royal Court Theatre）待過四年的英國人凱斯．瓊斯頓（Keith Johnstone）。他厭倦了傳統劇場之後，也開始思考較爲鬆散、較不傳統的表演技巧。一九七九年，他寫下這一行許多人認爲影響深遠的《即興：即興表演與劇場》（*Impro: Improvisation and the Theatre*；本書第二章 Palantir 公司的創始者要求所有員工在正式開始工作前閱讀此書）。

史波琳與瓊斯頓鼓勵導演與表演者認識跳脫劇本的優點，讓即興成爲一種主流娛樂形式。銷售與「非銷售的銷售」正朝著類似途徑發展，因爲對劇本有利的穩定、簡單、確定情勢已經被取代，而現在的情勢一直在變動、複雜又不可預測，即興才是制勝之道。

即興表面的混亂之下，有一個讓事情運作的靈巧結構。瞭解那個結構可以幫助你打動他人，特別是當你敏銳採取他人觀點、具有感染力的正向情緒、巧妙的框架技巧都無法帶來想要的結果時。在那些及其他許多狀況下，如果能遵循即興劇場的三項基本原則，你就能做得更好：㈠聆聽對方提供什麼；㈡說「好，還有……」；㈢讓你的夥伴有面子。

一、聆聽對方提供什麼

劇場即興在企業的世界並非完全陌生的事物。華盛頓大學學者凱斯・索以爾（Keith Sawyer）、西安大略大學的瑪莉・克羅桑（Mary Crossan），以及在史丹佛大學執教的派翠西亞・萊恩・麥德森（Patricia Ryan Madson）研究過劇場即興的各面向，並將概念應用在管理、創新與設計等領域。[4]然而多數專家尚未把即興放在銷售這個領域來研究，儘管如同一位年輕學者所說，擅長即興的推銷員「能夠在推銷過程中想出點子、毫不費力地將改變迅速納入考量，並以具有說服力的方式有效溝通」。[5]

即興沒有被納入視野的一個原因，可能是因為一百多年來銷售訓練的習慣。自從國家收銀機公司仔細制定劇本的年代起，推銷員就被教導要「克服拒絕」。如果顧客不想買，你的工作就是讓他們回心轉意——說服對方他所提出的問題要不是不存在，就是不重要。克服拒絕是每一個正式銷售過程都有的階段，通常接在「尋找銷售機會」、「篩選合適對象」與「簡報介紹」之後，以及最後的「成交」之前。然而銷售的世界已有翻天覆地的變化，史上頭一遭，讓人們改變心意可能變得沒那麼重要，也比較不可能。

即興劇場讓人沒有機會克服拒絕，因為即興正好是原則的相反。沙利特說：「即興的基本原則就是聆聽他人給你什麼。」

即興的第一原則「聆聽對方給你什麼」必須仰賴「調頻」。我們必須拋棄自己的觀點，採取別人的觀點。如果要掌握即興的這個面向，我們必須重新思考什麼是聆聽以及什麼是提議。

有人估計，我們每天所有的聆聽時間加總起來，占了四分之一醒著的時刻[6]——我們忽視這項技能的程度令人瞠目結舌。如同美國哲學家莫蒂默．阿德勒（Mortimer

Adler）三十年前所寫的一樣：

有任何地方的任何人被教過如何聆聽嗎？這眞是不可思議，一般人居然以爲好好聆聽的能力是一種與生俱來的天賦，不需要任何訓練。在整個教育過程中，居然沒有任何一個步驟是幫助個人學習如何好好聆聽，這個事實眞是令人難以置信。[7]

也因此，很少有人會好好聆聽他人也就不足爲奇了。對許多人來說，說話的相反並非聆聽，而是寫作。其他人說話時，我們的注意力一般會分散至他們現在正在說什麼，以及我們等一下要說什麼，結果就是兩件事都做得普普通通。部分專家（包括職業是必須打動他人的人士）連等都懶得等。在一項具有代表性的研究中，研究人員發現在診療時，醫生會在病患說話的頭十八秒打斷大部分的人，而這點常常讓病患無法描述他們一開始究竟爲什麼要來看醫生。[8]

那也就是爲什麼沙利特的訓練強調放慢步調與閉上嘴是好好聆聽的途徑。我們在另一項稱爲「完美沉默」（Amazing Silence）的練習中學習這點。這次我跟一個約大我十歲的高階電視台主管一組，規則是「每個人要向另一個人透露一件對自己來說重要的事。在此同時，另一個人必須從頭到尾都看著說話人的眼睛，然後回應，但一定要等十五秒之後才能說話」。

那位主管敞開心胸的程度出乎我的意料。他告訴我辛苦工作三十二年之後，他懷疑自己現在做的事是否是他應該永遠做下去的事，他不知道現在是否該離開豺狼吃豺狼的紐約媒體大草原。他說話時眼眶含淚，讓我比先前和穿高跟鞋的化妝品公司副總裁跳直立比博普舞（bebop）還要不自在。

他說完後，我必須回應，但不能馬上回應。我開始在心中默數十五秒。十五……十四……十三……眼睛不能離開……十二……十一……太痛苦了……十……我快瘋了，這什麼時候才會結束啊？

時間的確會過去，但那十五秒感覺不合理地久，而且如同先前的練習一樣，親密到令人很不舒服。那正是沙利特想要的。缺乏某種親密程度的聆聽，算不上眞正的聆聽，只是被動的交易，而非主動參與、要求他人專心。眞正的聆聽有點像是在一條天雨路滑的公路上開車，高速會帶你去見閻羅王。如果你想抵達自己的目的地，最好減速慢行，有時候還得踩煞車。那堂課結束時，沙利特爲狹小的會議室帶來微微的禪意，她告訴我們終極概念是「聆聽，但要**不帶**預設立場」。

即興劇場就是需要這一點。假想一幕兩位演員的戲。第一個人坐在椅子上，雙手放在看不見的方向盤上。他對同伴說：「門要鎖好。」第二位演員沒有預設聽到任何東西，只是單純聆聽。沙利特告訴我們在那個情境下，第二位演員的任務是「接受某個人說的一切東西，並把那些東西當成對方讓你發揮的材料」。看不見的方向盤與「門要鎖好」這個指令是對方提供的東西，第二位演員必須接受並以那個東西爲基礎來發揮。她可能是一輛計程車的乘客，也可能是坐在後座、跟家人一起出去的小孩。也許她的手斷了，沒辦法按鎖。然而她**不帶**預設立場聆聽的能力，讓這幕戲可以演下去。

一旦以這種更爲親密的新方式聆聽，我們就會開始聽見從前可能沒聽見的東西。如果我們在試圖打動他人時能以這種方式聆聽，我們很快就會發現表面上像是拒絕的話，通常是經過僞裝的提議。

舉一個簡單的例子來說，假設你正在幫慈善機構募款，你請姊夫慷慨解囊兩百美元，他可能會說不，但不太可能只說「不」一個字。他比較可能會說：「抱歉，我不能貢獻兩百塊。」那是一個提議。也許他可以捐一個比較小的數字。或者他會說：「不，我不能現在給。」那也是一種提議。很明顯地，你應該專注在「現在」兩個字，問他什麼時候才恰當。那整句話就是一項提議——或許他能以其他方式幫助你的慈善機構，像是擔任義工。沙利特說：「機會會以各式各樣的面貌出現。」不過，要聽到那些機會的唯一辦法，就是改變你聆聽的方式，接著還要改變回應的方式。

這又回到我與化妝品公司主管的鏡子練習。我們兩個人在那堂課所做的事，就是在接受提議。我們沒有拒絕的選項（「女士，這我辦不到，我可不會用我的手肘做那種事！」），而一旦我們接受那些規則後，我們就會陷入一種奇怪、但和諧的雙人芭蕾。最後鈴響要我們再次交換角色時，我們的動作順暢到別人大概無法判斷誰負責帶頭、誰負責模仿。那正是即興的第一原則。如同瓊斯頓所言：「好的即興者似乎能心電感應；一切看起來就像事先安排好似的。這是因為他們有什麼就接受什麼。」[9]

二、說「好，還有……」

我們每天因為銷售與「非銷售的銷售」而面對的「排山倒海而來的拒絕」，把許多的「不」送上我們的海岸，但我們也利用海浪送出許多「不」。我們自己很常說「不」，卻沒察覺。即興劇場迫使演員察覺這個行爲，並且改說「好」。

如同製陶人學習把陶土放在轉輪中間，也像網球員學習適當的握力，說「好，還有……」（Yes and...）是即興藝術家的基本技能。即興的第二原則倚賴浮力，特別是正向特質。

然而，就這點而言，即興不只是避免說「不」，也不只是簡單地說「好」而已。「好，還有……」有一種特殊的力量，和其邪惡孿生兄弟「是的，可是……」一對照，就可以清楚看出這點。

幾乎所有即興課程都會有下列版本各異的練習。我們在沙利特的課堂上沒有練習這個項目，但幾個月後，她來我辦公室時就表演給我看了。這個練習是兩個人計畫一場假想的聚會，例如高中同學會。一個人先提議，例如：「我看這次高中同學會去拉斯維加斯辦好了。」接下來兩個人講的每一句話都必須以「是的，可是」開頭。通常結果會變成這樣：

「我看這次高中同學會去拉斯維加斯辦好了。」

「是的，可是對有些人來說會太貴了。」

「是的，可是這樣一來，就只有那些真心想參加的人會來。」

「是的，可是班上有些人不賭博。」

「是的，可是除了玩二十一點外，還有別的事可以做。」

「是的，可是就算不賭博，那個地方還是不適合帶全家大小去。」

「是的，可是同學會不帶小孩比較好玩。」

「是的，可是如果大家找不到人幫忙帶孩子，他們就不會參加……」

整個計畫過程持續下去，但什麼事都沒進展，也沒人開始動作。

接著兩個人繼續類似的練習，只是，這次具破壞力的連接詞「可是」要換成較具包容力的兄弟「還有」。這個版本的練習就像這樣：

「我看這次高中同學會去拉斯維加斯辦好了。」

「好——還有，如果對某些人來說太貴了，我們可以募款或安排大家一起搭車去玩。」

「好——還有，如果我們早點開始，我們可以跟提供團體優惠的旅館訂房。」

「好——還有，帶小孩的家庭還有不賭博的人，我們也可以替他們安排活動。」

「好——還有，如果人夠多，我們也許可以一起出錢請保母，有些當爸爸媽媽的可以找一天晚上出去玩。」

「好——還有，想看表演的人可以一起去看。」

與其掉入失望的漩渦之中，「好，還有」可以帶著人往上迴旋並遇見各種可能性。停下來的時候，你就有一連串的選擇，而不是感到白費力氣。

人生的確有許多說「不」的時候。然而要打動他人，最好的預設立場則是這個即興的第二原則，而且相關好處超越了銷售與「非銷售的銷售」範疇。

「『好，還有……』不是一種技巧，」沙利特說道：「而是一種生活方式。」

三、讓你的夥伴有面子

二〇一二年夏天，兩位「影響他人」領域的巨人離開人間。羅傑・費雪（Roger Fisher）在那年八月過世，當時他剛過九十歲生日。他是哈佛法學院教授，課餘也擔任外交調解人。一九八一年與人合著有史以來最具影響力的談判書籍《實質利益談判法》（*Getting to Yes*）。費雪的重要貢獻是提出「原則談判法」（principled negotiation）概念，主張談判的目標不該是讓另一方輸，而是要在可能的情況下幫助對方贏。這個概念很快就被簡稱爲「雙贏」（win-win），並且改造了商業與法律教育。先前許多人都把談判視爲零和遊戲，各方要爭奪固定大餅中最大的一塊，然而費雪的著作勸告商學院、法學院的年輕學子，以及組織中沒那麼年輕的人士，重新把局勢框架爲「正和遊戲」（positive-sum game），一個人的勝利不需要建築在另一人的失敗上。如果各方都能超越對方立場，著眼於實際利益，並且找出雙贏選項，談判雙方最後都能比談判之前過得更好。

第二位巨人比費雪早走六週，享壽七十九，他將費雪的核心概念推廣給更多人知道。一九八九年，史蒂芬・柯維（Stephen R. Covey）撰寫《與成功有約》（*The 7 Habits of*

Highly Effective People；譯註：直譯意思爲「高超效率人士的七種習慣」）一書，銷量超過兩千五百萬本。柯維列出的第四種習慣爲「雙贏思維」，他坦承養成這個習慣並不容易，因爲「多數人自出生之後就深受『損人利己』（Win/Lose）的思維影響」。然而眞正能打動他人的唯一方式，卻是採取「在所有人際互動中，時時尋求共同利益的理智與情感框架」。[10]

由於費雪與柯維的影響力，「雙贏」已經成爲世界各地組織的基本概念，儘管人們時常光說不練。人們之所以言行不一，一個解釋是本書第三章所討論的第一個大變局。在資訊不對稱的情況下，結局常常是你死我活，畢竟我知道的比你多時，我可以靠著擊敗你拿到我要的東西。既然長久以來銷售局面一直都是資訊不對稱，我們的肌肉記憶常常會帶領大家往那個方向走。然而，隨著資訊對稱的崛起（或至少是接近對稱），那些在不同環境發展出的直覺，可能讓我們走上錯誤的道路。賣方與買方勢均力敵時，損人利己的作法很少會爲任何人帶來益處，而且時常導致雙輸。

即興讓我們更新思考方式：這種方式承襲了費雪與柯維的世界觀，但又重新定位，適合現在的年代。我們許多人現在對於「雙贏」已經無感，因爲我們常聽到這兩個字，卻很少真正體驗過。在沙利特與「第二城」式的劇場，表演者必須遵守這個規定：讓你的夥伴有面子。即興藝術家一直以來都知道，讓同台表演者發光，可以幫助雙方的戲更好看。讓夥伴有面子並不會讓你相形失色，反而會相得益彰。事情不再是二元對立、一定要二選一的零和心態，取而代之的是慷慨、創意與充滿可能性的文化。即興的第三原則「讓你的夥伴有面子」不但需要釐清，也能帶來「釐清」，也就是找出先前沒人想到的解決辦法的能力。

爲了說明這個原則，沙利特要我們找到新組員，這次我的夥伴是一位在大型金融服務公司工作的四十多歲和善女性。練習名稱是「我好奇」（I'm Curious）。我們要選擇一個有正反兩方的爭議性議題（大麻是否應該合法化？是否應該廢除死刑？），然後各自選擇一個立場。第一個人要試著說服第二個人接受自己的論點，第二個人必須回應，但難就難在這裡——只能用問句。你的問題必須是眞的在請教對方，而不是假裝成問題的個人意見（只有白癡才會跟你有相同看法這點，是否讓你感到困擾？）。此外，也不能是 yes-no 問句（我一點也沒錯，對吧？）。如果同組的人違反任何一條規則（沒有用問句、問了被禁止的問題類型），就按鈴向所有人宣布他出局了。

一開始我先當問問題的人。我的組員提出一個被遺忘許久、但恰巧上課前一天上了頭條新聞的政治爭議。

聽完她第一個主張之後，我調皮地回答：「眞的嗎？」以句型來說，那的確是個問句，但不太符合這個練習的精神，所以我重來一遍，問了一個眞正的問題。

她回答了，然後擴展她的論點。

爲了試著記住慢下來的重要性，我停頓、吸了一口氣，然後問：「但……又怎麼說呢？」

練習漸入佳境。

然後她開始闡述其他理由。

結果我沒有等，甚至想都沒想，脫口而出：「妳不是認眞的吧！」

叮！

比賽才開場四分鐘，我就進了處罰席。

現在輪到我的組員發問。或許是剛才看到我的表現有多差勁，她表現得比我機靈。

每當我說出一個論點，她的第一反應每次都是「眞是太有趣了！」這個策略讓她有時間想出問題，但也讓氣象指標轉向較友善的方向。她提問時，我都得停下來想一想，然後提出聰明的回答。

這裡的重點不是贏，而是學習。此外，雙方都把挑戰視爲學習機會時，想擊敗對方的欲望就會缺氧、無法呼吸。我們在「疑問式自我對話」與「有效推銷」的章節已經看過問句的力量，問句可以改變參與的規則，進而改變互動的本質。對話會變成更像在跳舞，而不是一場摔角比賽。富勒刷具的創始人富勒在即興劇場尚未發明的多年前，憑直覺就知道這件事。「永遠不要爭論，」他寫道：「贏得爭論就是失去銷售。」11

「讓你的夥伴（你試著推銷的那個人）有面子」，現在已經比富勒的年代還更重要。從前肆無忌憚的賣方不必擔心自己讓買方臉上無光，而買方通常求助無門，找不到人抱怨。在今日，如果你讓人們灰頭土臉，他們可以告訴全世界；如果你讓人們有面子，他們也能告訴全世界。

「在即興的世界，永遠不要試圖想辦法讓某個人做某件事。那是強迫，不是創意。」沙利特說道：「你提供東西，你接受東西——然後一場對話、一段關係、一幕戲及其他的可能性就會跑出來。」

即興是這樣，銷售與「非銷售的銷售」也是這樣。如果你訓練自己的耳朵聆聽別人提供的東西，如果你回應別人的時候說「好，還有……」，如果你永遠試著讓對方有面子，可能性自然就會冒出來。

樣品手提箱／模範案例

即興

等上五秒鐘

一千九百年前，希臘斯多葛派哲學家艾彼克泰德（Epictetus）曾說：「大自然給人類一條舌頭，但給了兩個耳朵，讓我們聽他人說話的量是自己說話的兩倍。」

不幸的是，沒有很多人聽他說話。

你可以認真看待艾彼克泰德的忠告，避免重蹈前人的錯誤。降低說話與聆聽比例一個最簡單的辦法，就是慢下來。

在這個星期找一天當你的「慢活日」，然後和別人說話的時候，回應前先等上五秒鐘。我是說真的，每一次都要等五秒鐘。一開始這可能感覺有點怪，和你說話的人心中可能會暗想，你最近是不是撞到頭了，但多停下那幾秒鐘才回應，可以讓你精進聆聽技巧。就像吃巧克力的時候，如果不狼吞虎嚥一口吞下、細細品嘗，就能增進你鑑賞美食的能力（如果一整天太長了，可以先從較短的時間開始，例如一小時）。

提倡「徹底聆聽」（radical listening）的英國顧問蕾寧・翰納根（Lainie Heneghan），提供了幾個測試自己是否慢到合適程度的方法。你談話的對象眞的說完自己的句子了嗎？人們是否在你沒有打岔的情況下完全表明自己的觀點？你開炮之前，他們有時間喘口氣嗎？慢慢來可以讓你走得更遠。

說「好，還有……」

「廣告遊戲」（The Ad Game）爲經典的即興練習。方法如下：

選四到五個人，要他們發明一項新產品，然後設計推銷廣告。組員提出產品推薦、示範或口號時，每一句話的開頭一定是「好，還有」，以便強迫他們延展先前的點子。不能駁斥組員說的話，也不能無動於衷。此外，不該事先計畫，只能說「好，還有」來接受眼前這個人的提議，然後發展出更好的廣告點子。

瓊斯頓寫道：「有的人喜歡說『好』，有的人喜歡說『不』。說『好』的人得到的獎賞是精采冒險，說『不』的人得到自己維持的安全狀態。」

玩「一次一個詞」（Word-at-a-time）

這是另一個經典的即興遊戲，有許多版本，不過我個人最喜歡瓊斯頓的版本。規則很簡單：六到八人圍坐在地上，一起編一個故事。遊戲的重點是：每個人一次只能加一個字，而且只有輪到自己的時候才能說話。

在《故事即興》（*Improv for Storytellers*）中，瓊斯頓描述有一次兩位同伴協助他發展一個故事。他先說了「Sally」（莎莉）這個字眼，然後故事繼續接下去：

——was...（快）

——going...（要）

（輪到我了，我決定讓事情好玩一點：）Mad...（瘋掉）

——Because...（因爲）

——Her...（她的）

——Father…（父親）

——Wanted…（想）

——To…（要）

——Put…（放）

——His…（他的）

——Horse…（馬）

——Into…（到）

——Her…（她的）

——Stable.（馬廄。）

瓊斯頓說道：「有時候，故事會在接完一句話後就草草結束，但有時候則可能很完整。」不管最後故事有什麼發展，這個練習很好，可以幫助你增加思考速度，還可以讓你專心聆聽別人提供了什麼點子。

利用問句的力量

沙利特的課程練習中，我最喜歡「我好奇」這個活動，你也可以試著做做看。找一個同伴，選擇一個具明顯正反兩方的爭議性議題。開始之前，讓你的同伴決定他要站在哪一方，然後你負責相反立場。接下來，同伴開始說出自己的理由，但你只能用問句回應——不能用直述句或反駁、污辱對方。

問問題時必須遵守三項原則：㈠不能問「是非疑問句」；㈡不能說假裝成問題的意見；㈢你的同伴必須回答每一個問題。

這個練習聽起來簡單做起來難。但多練習之後，你就能學會用疑問句讓夥伴與自己都提高參與度。

閱讀以下各書

凱斯・瓊斯頓的《即興：即興表演與劇場》。如果說即興劇場也有列寧的話（能言善道、幫一場運動找到理論基礎的革命家），那個人就是瓊斯頓。他的書有時候不是很好讀，表面上是指南，其實也是哲學書。但這是一本絕佳的入門書，可以讓人瞭解即興的基本原理。

薇歐拉・史波琳的《劇院即興》。如果說即興劇場有夏娃的話（創世記時在場的人，不過這個例子不需要亞當，也沒有人陷入誘惑），那個人就是史波琳。這本書五十年前問世，但新版依舊是暢銷天后，內容收錄了史波琳兩百多個即興練習。

凱斯・索以爾的《創造對話：每日言談即興》（*Creating Conversations: Improvisation in Everyday Discourse* by R. Keith Sawyer）。索以爾是專門研究創意的頂尖學者。他這本二〇〇一年的著作瞄準我們的日常對話，介紹這些普通的對話與爵士音樂、兒童戲劇與即興劇場有何共通之處。此外，索以爾的《團體天才：合作的創意力量》（*Group Genius: The Creative Power of Collaboration*）也值得一讀。

派翠西亞・萊恩・麥德森的《即興智慧：別準備，人來就對了》（*Improv Wisdom: Don't Prepare, Just Show Up* by Patricia Ryan Madson）。二〇〇五年之前在史丹佛大學教戲劇的麥德森，擷取即興表演心得，提出十三條讀者可以運用在工作與人生的座右銘。

安妮・利伯拉的《第二城即興劇場年鑑》（*The Second City Almanac of Improvisation* by

Anne Libera）。這本年鑑一部分介紹娛樂史，一部分則為即興手冊，詳細介紹了第二城掀起的即興浪潮。書中附有有趣的練習、發人深省的即興藝術名言，以及知名喜劇演員非常年輕時的大量照片。

用你的拇指

你可以利用這個團體活動強調一個令人印象深刻的重點。除了你自己之外，至少還需要兩個人一同參與。

讓大家兩人一組，要求每一組「右手握拳，舉起你的大拇指」。然後再下一個指令，不要多做解釋：「現在，讓同組的人拇指向下。」你不要出聲，讓各組自行完成這個任務。

大部分的人都會假設這個指令的意思是要他們進行拇指摔角。然而，還有許多其他方法也能讓同組的人拇指向下。他們可以好聲好氣地請求，也可以鬆開自己的手，讓自己的拇指往下指。有各式各樣的方法。

這個練習告訴我們，我們的出發點太常是競爭——我們太常採取你死我活的零和策略，沒能用上即興的雙贏與正和作法。要影響他人的時候，多數情況是我們有許多方法能達成任務，而且絕大多數都可以讓自己的夥伴在過程中有面子。

9 服務

如果你想從肯亞的一個小鎮到另一個小鎮，很可能必須坐上肯亞特有的「馬它突」（matatu），這種十四人座休旅車改成的小巴士，是該國主要的長程運輸方式。如果你眞的搭上了馬它突，準備好被嚇破膽吧。不論是哪個國家，讓年輕男性駕駛高速車輛都可能是件危險的事，但根據肯亞人的說法，馬它突的司機特別瘋狂。平常親切、性格平和的肯亞男人，會變成像是從小說《化身博士》（*The Strange Case of Dr. Jekyll and Mr. Hyde*）中冒出來的人，瞬間變成眼神瘋狂的超速惡魔，不顧乘客與自身的性命安全。部分因爲這個原因，肯亞是全世界人均車禍死亡率最高的國家之一。[1]

在發展中國家，交通意外奪取的性命和瘧疾一樣多。每年全球約有近一百三十萬的

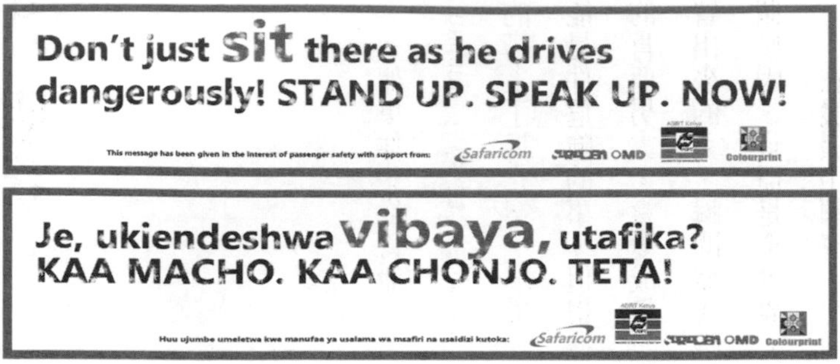
Don't just sit there as he drives
dangerously! STAND UP. SPEAK UP. NOW!
This message has been given in the interest of passenger safety with support from:
Safaricom
OMD
Colourprint
Je, ukiendeshwa vibaya, utafika?
KAA MACHO. KAA CHONJO. TETA!
Huu ujumbe umeletwa kwa manufaa ya usalama wa msafiri na usaidizi kutoka:
Safaricom
OMD
Colourprint

人死於車禍，名列全世界死亡排行榜第九名。世界衛生組織預估到了二〇三〇年，車禍將會是第五大死因，超越ＨＩＶ／愛滋、糖尿病，以及戰爭與暴力。[2]

肯亞等國試圖以若干方法解決這個問題，例如降低速限、修補危險道路、鼓勵繫安全帶、設置減速丘，以及打擊酒駕。這類措施大致上能減少可怕的死亡數據，但全都需要公帑或加強執法，而這些國家兩者都缺。

因此，在一項具有巧思的田野調查中，兩位喬治城大學（Georgetown University）的經濟學家詹姆士・海比亞里馬納（James Habyarimana）與威廉・傑克（William Jack）設計出一個方法，來改變肯亞司機不怕死的行爲。[3]兩人和巴士公司合作，招募二二七六位馬它突司機，並利用牌照號碼將他們分成兩組。車牌最後一個數字爲奇數者當控制組，偶數者則參與一項獨特的介入實驗（intervention）。在每一輛馬它突裡，研究人員貼上五張貼紙，英文與斯瓦希里語（Kiswahili，肯亞官方語言）兩個版本都有。部分貼紙只有文字，就像前頁的兩張。*

其他警語則加上「可怕、清楚的斷肢圖片」，[4] 不過所有的貼紙都催促乘客行動——要求他們的司機慢下來。要是他們發現司機想把大家的脖子都弄斷，就大聲抱怨、不斷制止，直到他開馬它突的方式再度像溫文有禮的傑克醫師（Dr. Jekyll），而不是瘋狂的海德先生（Mr. Hyde，譯註：兩者爲《化身博士》主角變身前後的身分）。研究人員把這項策略稱爲「質問與責備」（heckle and chide）。

一年過後，研究團隊發現坐上貼有貼紙的馬它突的乘客質問駕駛的機率是無貼紙組的三倍。然而，這些大聲叫喊的乘客是否說服了司機，對自身旅途安全起了作用？

爲了找出答案，研究人員檢視了馬它突保險業者的求償資料庫，結果發現貼有貼紙的車輛總保險索賠較前年下降近三分之二。重大意外索賠（包括受傷、死亡）下降超過

*第一張貼紙寫著：「他危險駕駛時，不要只是坐在那！站起來大聲制止，現在就行動！」第二張貼紙的意思是：「嘿，如果他隨便亂飆車，你會抵達目的地嗎？醒醒吧，拿出勇氣，大聲制止！」。

五○%。此外，依據研究人員與司機進行的後續訪談，顯然乘客的口頭勸阻是數字變化的原因。[5]

換句話說，在小巴貼上幾張貼紙能夠省錢與救人的程度，超過所有肯亞政府嘗試過的努力。貼紙說服了乘客，乘客接著又說服了司機，此中的運作機制，讓我們瞭解本書最後要介紹的第三項技巧：「服務」。

銷售與「非銷售的銷售」最終與服務有關，但「服務」不僅僅是顧客走進精品店時對他們微笑，或是在三十分鐘內把披薩送到府上（雖然兩者在商業領域都很重要）。這裡要談的是更廣、更深、更爲精神層面的服務——改善他人生活並進而改善這個世界。最極致的影響他人可以帶來更爲卓越、更爲持久的事物，而不僅僅只是交換資源。如果我們能學習馬它突貼紙達陣成功所隱藏的兩個教訓，我們就更可能做到這樣的境界：「以人爲本」及「讓事情有意義」。

以人爲本

放射科醫師過著寂寞的職業生涯。許多醫師一天大部分的時間都與病患直接互動，然而放射科醫師常常獨自坐在昏暗室內，駝背看著電腦，判讀 X 光片、電腦斷層掃描與核磁共振造影。這樣的孤立狀態可能會讓這些擁有高度專業技能的醫生失去工作熱忱。更糟的是，如果這份工作開始令人感到去人性與機械化，還會傷害實務表現。

幾年前，一位年輕的以色列放射科醫師耶和納坦・透納（Yehonatan Turner）思考如何打動其他醫療人員，讓大家將更多的熱情與技術投入工作，結果他想到一個點子。在耶路撒冷夏爾西底克醫學中心（Shaare Zedek Medical Center）擔任住院醫師的他，徵得病患同意後，拍下約三百位來做電腦斷層掃描的人士的照片，然後請一群不清楚研究主題的放射科醫師參與他的實驗。

放射科醫師坐在電腦前，叫出病患的電腦斷層掃描並評估時，病患的照片會主動出現在影像旁。放射科醫師完成評估後要做一份問卷。所有醫師都回報自己「看見照片後，對病患感到更多同理心」，而且檢視掃描結果時更爲謹慎小心。[6]然而，透納點子的眞正威力在三個月後才顯現出來。

頂尖與一般放射科醫師的不同之處，在於找出「偶然發現」（incidental findings）的能力，也就是非此次醫師的診療重點，或與病患正在治療的疾病無關的掃描異常。舉例來說，假設我懷疑我摔斷了手臂，跑去醫院照 X 光，醫師的主要工作是確認尺骨（ulna）是否骨折。然而，如果他同時發現我的手肘附近有不相關的囊腫，那就是「偶然發現」。透納選了八十一份附有照片且讓放射科醫師有「偶然發現」的掃描，然後三個月後再拿給同一群放射科醫師看，只不過這次沒附上病患照片（放射科醫師每日要判讀太多影像，而且他們不知道透納在研究什麼，因此不知道自己已經看過那些掃描）。

結果很驚人。透納發現：「檔案拿掉照片之後，八〇%的偶然發現這次沒被通報。」[7] 雖然醫師們看的是跟九十天前完全一樣的影像，但這次他們的判讀遠遠沒那麼仔細與準確。透納告訴《每日科學》（*ScienceDaily*）：「我們的研究強調要將病患視爲人，而不是匿名的案例研究。」[8]

醫師和我們其他人一樣，都身處必須影響他人的行業。然而，要讓醫師做好自己的工作，也就是讓人們從受傷生病變得健康幸福，以人爲本時他們會有更佳的表現。不把病患視爲裝著症狀的行李袋，而是完完全全的人類，可以幫助醫師做好自己的工作，也能幫助病患獲得更好的治療。這不代表醫師與護士應該拋棄檢核表與標準流程，[9] 但這的確表示，完全依賴程序與步驟、忽視處理對象其實是人的時候，正是臨床錯誤的溫床。透納的研究讓人看到，在專業裡加進人味，可以增進表現與照護品質（由於透納的努力，現在子宮頸抹片、血液化驗與其他診斷都會附上病人照片）。[10]

這不只適用於醫生，也適用於我們其他人。在所有試圖影響他人的情況下，一定有另一個人牽涉其中。然而，爲了維持專業權威，我們時常忽略人的元素，採取抽象與保持距離的姿態。我們應該重新訂定我們的作法，讓事情具體又充滿人味——這不只是濫情主義，而是有實際的理由。肯亞的道路安全這個大問題抽象又遙遠，然而讓馬它突個別乘客在司機開車時發揮影響力，則是讓事情具體且與人相關。獨自一人在辦公室內判讀電腦斷層掃描既抽象又遙遠，但如果判讀時病患的照片同時望著你，事情就變得具體且牽涉眞正的人。在傳統銷售與「非銷售的銷售」中，如果我們不只是解決問題，而是在服務「人」，我們會有更好的表現。

不過，以人爲本的價値牽涉兩個層面：一個是意識到自己嘗試服務的其實是人（就像記住電腦斷層掃描背後代表一個人一樣），一個則是親身負責自己試圖推銷的東西。我見過第二種情形，不過不是在社會科學期刊上，也不是在放射實驗室的走廊，而是在美國華盛頓特區一家披薩店的牆上。

（我需要您的協助！如果您的 il Canale 用餐經驗不美好，
請撥打我的手機：703-624-2111。）

二〇一一年一個星期六晚上，我太太和兩個孩子（我有三個小孩）決定試吃一家叫 Il Canale 的義大利新餐廳。義大利朋友說那裡的餐點物美價廉。我們等了幾分鐘才有人來帶位。在那之前，由於我患有慣性踱步症，我在小小的櫃台大廳繞了幾圈。中間，我停下腳步，因爲我看到這張附上餐廳老闆古瑟皮·法魯久（Giuseppe Farrug-gio）照片的方塊標語（見上圖）。

十七歲自西西里移居美國的法魯久當然身處銷售這一行。他賣新鮮開胃菜、義大利蛤蠣扁麵（linguine alle vongole）與好口碑的那不勒斯披薩。然而有了這張標語，他讓原本遙遠、抽象的服務（華盛頓特區不缺賣披薩與義大利麵的地方）變得具體又以人爲本，而且作風大膽。對法魯久來說，服務不只是在二十九分鐘內端出披薩餃（calzone）。對他來說，服務是眞的讓顧客「隨 call 隨到」。

幾星期後，我和他聊了一下顧客回應。法魯久說他貼出標語後的前十八個月，一共只接到八通電話。六通打來讚美，或者是想試一試那個承諾是否爲眞。兩通則是抱怨，而法魯久也依據抱怨內容改善自己的服務（親愛的讀者，除非你在 Il Canale 吃到糟糕的食物，否則請不要打法魯久先生的手機，而依據我的經驗，發生這種事的機率大約是零）。然而，重要的不是他接到顧客來電，而是他向他們傳遞的訊息，也就是他們吃的披薩背後還有一個人，而且那個人在乎他的貴客是否開心。如同在電腦斷層掃描旁附病人照片改變了放射科醫師做事的方法，在收銀機櫃台上方放上老闆的笑臉與電話號碼，也改變了法魯久餐廳的顧客體驗。許多人喜歡說「我負責」或「我在乎」，但少有人全心投入服務他人到願意說「打我的手機」。

法魯久風格的「以人爲本」，也是許多頂尖銷售人士的特徵。經營手術衣網站Scrubadoo.com的布萊特・包爾（Brett Bohl），會寄給每一位買過產品的顧客一封親筆信。[11]本書第三章提到的車商達維什會提供所有顧客家裡的電子郵件地址，她告訴他們：「如果有任何問題，請聯絡我本人。」顧客的確會這麼做，而她回應時，他們知道她隨時準備好服務大家。

讓事情有意義

美國醫院沒有肯亞的馬它突那麼危險，不過其安全程度遠低於你的想像。每年每二十名住院病患當中，約有一人會發生感染，這樣的代價很驚人：每年有九萬九千人因此死亡，一年成本高達四百億美元。[12]避免此類感染最節省的方法，就是醫師、護士與其他健康照護專業人員定期洗手。然而美國醫院的洗手頻率出奇地低，而且不幸的是，許多讓大家更常洗手的措施都不太有效。

本書第四章研究中間個性者的華頓商學院教授格蘭特，決定找出更好的方法來說服醫院內部工作者改變自己的行爲。他與北卡羅來納大學的大衛・霍夫曼（David Hofmann）合作，用三種不同方式實驗這項「非銷售的銷售」挑戰。兩位研究人員取得美國一家醫院許可，在醫院的六十六個肥皂與潔手液提供處旁貼上標語兩星期，其中三分之一的標語提醒健康照護人士的自身利益：

手部清潔可以讓你免於感染疾病。

三分之一的標語則強調病患會發生什麼事，也就是醫院服務的目的：

手部清潔可以讓病患免於感染疾病。

最後三分之一則是乾淨利落的標語，當作控制組：

進來，洗手。

研究人員在爲期兩週的試驗開頭秤出肥皂袋與潔手液重量，結束時再秤一次，瞭解醫護人員究竟用了多少分量。他們把結果製表，發現最有效的標語顯然是第二個。格蘭特與霍夫曼寫道：「貼有病患標語處的潔手產品使用量明顯大於個人標語……或控制組標語。」[13]

研究人員為結果感到著迷，決定九個月後於同一家醫院、不同單位測試此一發現的穩健性。這次他們僅用兩種標語——個人後果版（**手部清潔可以讓你免於感染疾病**）與病患後果版（**手部清潔可以讓病患免於感染疾病**）。這次他們沒有秤肥皂袋與潔手液的重量，而是招募院內員工當他們的洗手間諜。在兩週的實驗過程中，醫生、護士與其他健康照護人士碰到「手部清潔機會」時，並不清楚此次實驗目的的自願者暗中記錄，他們在那些情況下是否真的洗手。再一次，個人後果版標語的效果為零，但提醒效用的標語則讓洗手次數整體上升了一〇％，而且在醫師身上更為明顯。[14]

光是聰明的標語無法根治院內感染。外科醫師阿圖．葛文德（Atul Gawande）評論，檢核表與其他流程在這方面高度有效，[15]不過格蘭特與霍夫曼讓人們看到一件同等重要的事：「我們的發現顯示健康安全訊息的重點不應放在自我身上，而應著重最脆弱的目標族群。」[16]

提升目標的顯眼程度是打動他人最有力也最被忽視的方法。我們時常假設人類主要受到自身利益的驅使，然而成堆的研究顯示，我們所有人也會為了社會科學家口中的

「利社會」（prosocial）或「自我超越」（self-transcending）等理由，而做某些事。[17]那代表我們不僅自己應該服務，也應該觸動他人內在希望服務的渴望。如果我們能讓事情有意義，以人爲本的功效會更大。

以一項研究爲例，一群英國與紐西蘭學者近日在其他「非銷售的銷售」領域，做了兩項聰明的實驗。他們隨機將參與者分爲三組。一組閱讀爲什麼共乘對環境有利（研究人員把這組人稱爲「自我超越組」），一組閱讀爲什麼共乘可以省錢（此組爲「自利組」〔self-interested group〕），第三組則爲控制組，閱讀開車的一般資訊。接著，實驗人員讓參與者塡寫幾份不相關的問卷打發時間，塡好之後，告訴他們可以走了，離開前請丟棄多餘紙張。參與者有兩個選項——一個是清楚標示一般垃圾的垃圾桶，一個是清楚標示回收的桶子。大約有一半的第二（自利組）與第三組人（控制組）回收手上的紙張，但「自我超越」的第一組則有將近九〇%選擇回收。[18]僅僅討論一個領域（共乘）的目的，就能打動人們在第二個領域（回收）採取不一樣的作法。

此外，格蘭特的研究顯示，除了推廣洗手與回收，事情的意義也能提升傳統銷售的表現。二〇〇八年，他在美國一家重點大學的電訪中心做過一項十分有趣的研究。每天晚上，中心員工都會打電話給校友替學校募款。出於社會心理學家的習慣，格蘭特隨機將募款人員分成三組，然後將他們的工作條件調整到完全一樣，除了工作開始前的五分鐘。

連續兩個晚上，一組人員閱讀電訪中心工作前輩的故事，瞭解這份工作教了他們哪些有用的推銷技巧（可能是調頻、浮力與釐清），這是「個人好處組」（personal benefit group），另一組「目的組」（purpose group）則閱讀這所大學部分校友的故事。那些校友領取電訪中心募來款項撥出的獎學金，並且受益良多。第三組電訪員則爲控制組，他們讀的故事與個人好處及目的都無關。閱讀活動結束後，工作人員開始撥打電話，研究人員交代絕不可以向募款對象提到剛才讀到的故事。

幾週後，格蘭特研究他們的銷售數字。「個人好處組」與控制組說服的人數與總募款金額，大約等同於他們進行故事閱讀活動前的表現，但「目的組」則火力全開，「他們成功募款的每週人數及金額」達到先前的兩倍多。[19]

銷售訓練者請注意，這個五分鐘的閱讀活動不僅讓生產力**加倍**，故事還讓這份工作與人有關，故事內容則讓這份工作有意義。這就是服務的真諦：改善其他人的生活，進而改善這個世界。那是服務的泉源，也是打動他人的終極祕密。

一九七〇年，沒沒無名的六十六歲美國電話電報公司（AT&T）前中階主管羅伯・格林利夫（Robert Greenleaf）寫了一篇引領運動的文章，題目爲「僕人作爲領導者」（Servant as Leader）。在十數頁的篇幅中，格林利夫讓企業與政治界盛行的領導哲學起了翻天覆地的變化，他主張最有效的領導者並非掌管一切的英雄指揮官，而是較爲安靜、謙遜、致力於服務那些名義上爲下屬的人士。他把自己的主張稱爲「僕人式領導」（servant leadership），並解釋兩者的順序爲關鍵。他寫道：「僕人式領導者先要是僕人。成爲僕人式領導者的開端是想要服務的自然感覺，先要服務，接著自覺的選擇會讓人希望領導。」[20]

領導者反轉傳統金字塔讓自己居於部屬之下的概念，讓許多人不自在，卻有更多人對格林利夫的理念感到興奮。擁抱如此信念的人學會「不要傷害」，回應「所有問題時先聆聽」，並且「接受並擁有同理心」，而不是拒絕。後來星巴克、TD 工業（TD Industries）、西南航空（Southwest Airlines）與 Brooks Brothers 服飾等各種領域的企業，都將格林利夫的理念納入自己的管理實務。商學院將他的文章收進指定閱讀與課程表。非營利組織與宗教機構也將他提出的原則介紹給成員。

僕人式領導之所以能生根，不僅是因爲許多試過的人都覺得有效，也是因爲這個方式說出了人們心底對於他人的信念以及心中的深層抱負。格林利夫的領導方式較爲困難，但也更具有轉化的力量。他寫道：「最好的測試及執行最困難的部分在於：被服務的人是否有所成長？他們被服務的同時，是否變得更健康、更有智慧、更自由、更自主，本身是否也更可能成爲僕人？」[21]

現在已是將格林利夫的哲學運用在銷售上的時侯，就叫「僕人式銷售」（servant selling）吧。從這個概念開始：打動他人的人並非操控者，而是僕人。他們先服務後銷售，而最好的測試以及執行最困難的部分在於：如果你推銷的對象同意購買，他們的人生是否會有所進步？你們的互動結束後，這個世界是否變得比你開始銷售前還要美好？

僕人式銷售是今日影響他人的基本精神。然而從某個角度來說，尊重銷售的人士其實一直都有這樣的精神。舉例來說，旗下公司給了豪爾一份出乎意料的終身工作的富勒曾說過，在他事業的一個重要時刻，是他發現自己把服務放在第一、銷售放在第二的時候，他的工作在各方面來說都變得更好。他開始把自己想成公民改革者、家庭的恩人，

「對抗骯髒廚房及打掃不夠乾淨的房子的鬥士。」富勒坦承這個念頭似乎有點蠢，「然而成功的銷售人一定要感受到某種程度的使命感，認爲自己的產品除了能幫賣家賺錢外，還能帶給人類利他的好處。」他說，擁有效率的銷售人不是一個「只看到利益的叫賣小販」，眞正的「推銷員是個理想主義者，也是個藝術家」。[22]

眞正的人也是一樣。我們人類和其他生物不同的地方，在於我們有理想，也有藝術才能——我們希望改善這個世界，提供世界缺乏而尙未發覺的東西。我們在影響他人的同時，不需要忽視人性中這些較爲高貴的面向。今日的情勢需要我們擁抱它們。自始至終我們要記得一件事：銷售就是人性。

樣品手提箱／模範案例

服務

從「升級銷售」到「升級服務」

銷售最令人討厭的一個詞彙叫「升級銷售」（upselling）。你到運動用品店想買基本款的球鞋，但銷售人員卻試圖說服你買架上比較貴的那一雙。你想買相機，結果櫃台人員一直要你買毫無用處的零件、不需要的配件，以及不必要的延長保固。有一次我在網路上訂東西，抵達結帳頁面前，廣告不停地糾纏著我，要我加購六、七樣我沒興趣的相關商品，我看了一下網址，結果是http://www.公司名稱.com/升級銷售（我中止購買，而且自此之後再也不跟那家公司買東西）。

不幸的是，許多傳統銷售訓練課程依舊教人們要「升級銷售」，但如果他們聰明一點，他們會拋棄這個概念與這四個字，改用另一個遠遠較爲友善且明顯更有效的詞彙。

也就是「升級服務」（upserving）。「升級服務」的意思是替別人做更多，超乎他的期待，超乎你原本預計做的程度。多做幾個步驟，讓平凡無奇的交易變成一次永生難忘的經驗。從「升級銷售」到「升級服務」這個簡單的改變，明顯的優點是這是該做的事，但也有隱藏的優點，就是這超級有效。

每當你想「升級銷售」時，停下手中的事，轉爲升級服務。不要試圖增加他人能爲你做的事，而要提升你能爲他們做的事。

重新思考銷售佣金

即使是讀完本書之後，你可能依然相信傳統推銷員就是和我們不一樣。你我有各種動機，而且許多動機十分高尚，然而那些賣家電或住屋保全系統的人可不是這樣，他們不同，他們屬於「投幣式操作」（coin-operated，我常聽到這個形容詞，意思是只要把二十五分硬幣放進他們的投幣孔，他們就會跳點小舞。時間到了，再投一枚硬幣，不然他們就會停止跳舞！）。那就是爲什麼傳統銷售的動機與報酬通常仰賴銷售佣金。這是讓人們動起來的最佳方式（可能也是唯一方式）。

然而，要是我們錯了怎麼辦？萬一我們提供佣金的主要原因，只是，嗯，因爲我們一直都提供佣金？萬一這個作法已經成爲根深柢固的主流作法，不再是眞正的決策原因怎麼辦？萬一佣金其實會阻礙人們服務的能力怎麼辦？

微晶片科技（Microchip Technology）這間市值六十五億美元的美國半導體公司，正是如此猜測。公司曾經採取業界標準作法，支付銷售人員六〇%的底薪與四〇%的佣金。然而在十三年前，微晶片廢止了這個制度，改採九〇%的底薪及一〇%與公司成長連動的佣金。結果發生什麼事？總銷售年年上升。銷售成本依舊，流失率卻下降，而且之後微晶片在半導體這個競爭最慘烈的產業中，每一季都提報獲利。

不論是葛蘭素史克藥廠（GlaxoSmithKline）等大型跨國企業、奧勒岡州的小型保險公司，或是英國劍橋的軟體新創公司，許多公司現在都在重新評估這個長久以來的作法，採取新策略，並且得到良好成效。它們發現以其他方式支付銷售團隊薪水有諸多好處，可以消除人們爲了自身利益濫用制度的問題，還可以促進合作（如果我賣多少賺多少，憑什麼我要幫你？），並且讓經理省下解決無止境佣金紛爭所浪費的時間與精力。

最重要的是，可以讓銷售人員成爲自家客戶的代理人而非敵人，移除徹底眞心服務顧客的障礙。

每間公司都該拋棄銷售佣金嗎？不，但光是挑戰這個傳統主流作法，就能讓公司更健全。微晶片的銷售副總裁告訴我：「推銷人員與工程師、建築師或會計沒什麼不同。眞正優秀的銷售員想要解決問題、服務客戶。他們想超越自我。」

重新思考是誰在幫誰的忙

行銷大師賽斯・高汀（Seth Godin）是我認識最有創意的人士，他清楚解釋我們如何歸類銷售與「非銷售的銷售」交易。據他的說法，我們把它們分爲三個類別。

我們會想「老兄，我是在幫你忙」或「嘿，這個人是在幫我的忙」或「這是誰都不欠誰的交易」。

高汀說：「交易的一方認爲自己是在幫對方一個忙……而對方並沒有互惠的時候」，問題就產生了。

解決這個問題的方法很簡單，我們試圖打動他人時，也可以用這個辦法：「爲什麼不永遠把對方當成是在幫你的忙？」

這個方法與調頻程度有關。更確切來說，就是先前提到的，降低自己的地位，可以增進從他人觀點出發的能力。如同僕人式服務告訴我們的一樣，打動他人最聰明也最符合道德的方式，就是懷著謙遜與感恩的態度做事。

試一試「情緒智慧招牌」

你大概注意到本章許多例子都與標誌有關（肯亞的馬它突小巴、Il Canale 披薩店），標誌是我們視覺環境中不可或缺的一環，然而我們運用時，常常未能下足工夫。

有一個辦法可以改善這種情況，我把這個方法稱爲「情緒智慧招牌」（emotionally intelligent signage）。大部分的標語有兩種作用：提供幫助認路的資訊或公告規則。然而，情緒智慧招牌則更爲深入，可以透過「以人爲本」與「讓事情有意義」的原則，達到這樣的目標。這種招牌打動他人的方式，包括表達對見到招牌者的同理心（以人爲本），或是觸動那個人的同理心，讓他瞭解公告規定背後的原因（讓事情有意義）。

先說第一種例子。幾年前我和家人造訪紐約市一間博物館。才剛抵達，幾個孩子就

（別擔心，隊伍前進得很快。）

說肚子餓了，儘管時間有限，我們還是不得不到博物館的自助餐廳找布丁，而不是好好地參觀畫作。我們抵達小吃部時，人龍像蟒蛇一樣繞了好幾圈。我扮了個鬼臉，覺得會在那裡耗上一輩子。然而臉部表情才剛恢復原狀，我就看到上頭這個牌子。

我的可體松壓力激素濃度頓時下降，最後排隊時間沒有我擔心的那麼久，而且短暫的等待過程中，心情也變好了。那塊招牌因爲能以同理心瞭解排隊等候者的心情（也就是以人爲本），排隊體驗因而改善。

爲了尋找第二種情緒智慧招牌的

（兒童在此遊戲，請自行清理狗糞。）

（請自行清理狗糞。）

例子，我到家裡附近的華盛頓特區住宅區走一遭。熱鬧的一角有一間坐落於廣大草坪的小教堂，許多人在那一帶遛狗。大群狗兒加上寬廣草皮，會帶來一個明顯（與味道濃厚）的問題。爲了避免那個問題（爲了打動遛狗人改變自己的行爲），教堂可以立一塊簡單的告示牌，就像上面右圖那樣（我稍稍改了一下原圖）。

然而，那座教堂採取了不一樣的作法，立出上面左圖這樣的牌子。

立告示牌的人提醒大家訂出這項規則的原因，試著喚起狗主人的同理心，也就是讓告示牌產生意義，進而增加了人們遵守告示牌的可能性。

現在是你的練習時間：選一個你目前正在使用的標語，或是在工作場合、社區看到的例子，然後重新改寫，讓標語擁有更多情緒智慧。你可以利用以人爲本或讓事情有意義的方式，讓標語更有效。

把每個人都當作自己祖母一樣對待

進行照片研究的放射科醫師透納告訴《紐約時報》，他最初面對工作不人性化的一面時，解決之道是把每張掃描都想像成父親的掃描。

你可以借用他的智慧，用這個簡單的技巧打動他人。每次處理事情時，想像相關人士是你的祖母。這是讓事情與人產生關係最終極的方法。如果走進停車場買車的人不是陌生人，而是祖母，你會怎麼做？如果你要求去做一件討厭差事的人，不是可有可無的菜鳥，而是對你父母有養育之恩的女性，你會有哪些改變？如果你正在用電子郵件通信的那個人，不是只合作一次的他者，而是一個仍會郵寄生日卡片給你、還在裡頭放五元美鈔的和善女士，你會展現什麼樣的誠實與道德水準？

拿掉匿名的斗篷，換成這種形式的人際關係之後，你比較有可能眞心服務，而長期來說，這對每個人都好。

如果不相信，可以換成這個版本：對待每個人就像在對待自己的祖母一樣，但要假設那個祖母有八萬名推特追蹤者。

永遠「自問」與「自答」這兩個問題

最後，每當遇上必須打動他人的時機，不論是傳統銷售，例如說服潛在顧客購買新的電腦系統，或是「非銷售的銷售」，例如說服自己的女兒做功課，你一定要能回答兩個眞誠服務的核心問題。

一、如果你正在說服的對象同意買帳，他們的人生是否會變得更好？

二、這件事結束時，這個世界是否會變成一個比原先更美好的地方？

如果有任一題的答案爲「否」，那麼你做的這件事可就大有問題了。

致謝

銷售也許是人性，寫書則不然——至少我經歷過的痛苦漫長旅程不是。那就是爲什麼我要感謝那麼多支持我的人。

拉飛・沙加林（Rafe Sagalyn）是全世界最棒的出版經紀人，他搶在作者之前看出這本書的潛力。他的建議與友誼對我來說太重要了。另外，我也要感謝負責全球事務的羅琳・克拉克（Lauren Clark）。

河源出版社（Riverhead Books）的杰克・莫瑞瑟（Jake Morrissey）永遠是那麼聰明、鎮定，特別是遇到像我這種既不聰明又手忙腳亂的人的時候。裘夫・克羅斯克（Geoff Kloske）付出大量的編輯與出版心力，我要在此表達謝意。另外，我要特別感謝河源出版社的生產部（production department）在我讓事情進入延長賽之後慷慨相助。

伊莉莎白・麥可庫羅（Elizabeth McCullough）在大小事情上惠我良多。她在維吉尼亞大學圖書館（University of Virginia Library）幫忙挖掘塵封資料，還找出所有人都沒看到的錯字，並且教我 endnote 書目格式。美國最厲害的訓練發展高手辛蒂・哈吉特（Cindy Huggett）協助我讓本書的「樣品手提箱／模範案例」變得實用又有條理。羅伯・坦・帕斯（Rob Ten Pas）再一次提供多幅美好插圖。

品克家超棒的三個孩子蘇菲亞（Sophia）、伊萊莎（Eliza）、掃羅（Saul）鎮定地忍受他們的老爸又寫了一本書（唉，說服他們沒有假日、吃飯要匆匆忙忙、不能參加棒球賽都是爲了一個很棒的目標，是一件很困難的事）。

然而，對我的人生與這本書來說最重要的人，則是潔西卡・勒能（Jessica Lerner）。潔西卡讀了本書每一個字，而且是一讀再讀並大聲念出。如果那不算什麼，她還聽我讀出每一頁，也是一讀再讀並大聲念出來。她校稿、挑錯、質疑內容，同時用上了驚人的腦力與溫柔耐性，就像她做其他每一件事一樣。當年我並不知道，但我這輩子做過最聰明的推銷，就是二十二年前說服她和我約會。自此之後我就被賣了。

註釋

1 人人都是銷售人

1 Alfred C. Fuller (as told to Hartzell Spence), *A Foot in the Door: The Life Appraisal of the Original Fuller Brush Man* (New York: McGraw-Hill, 1960), 2.

2 John Bainbridge, "May I Just Step Inside?" *The New Yorker*, November 13, 1948.

3 "The Ups and Downs of the Fuller Brush Co.," *Fortune,* 1938, available at http:// features.blogs.fortune.cnn.com/2012/02/26/the-fuller-brush-co-fortune-1938/; Gerald Carson, "The Fuller Brush Man," *American Heritage*, August–September 1986; Bainbridge, "May I Just Step Inside?"

4 Carson, "The Fuller Brush Man."

5 Fuller, *A Foot in the Door*, 197–98.

6 請見：James Ledbetter, "Death of a Salesman. Of Lots of Them, Actually," *Slate*, September 21, 2010. Available at http://www.slate.com/articles/business/moneybox/2010/09/death_of_a_salesman_of_lots_of_them _actually.html。

7 U.S. Bureau of Labor Statistics, "Occupational Employment and Wages Summary (2011)," released March 27, 2012. See Table 1, which is available at http://www .bls.gov/news.release/ocwage.t01.htm. 職業類別就業統計（OES）資料顯示，一千三百六十五萬人口被歸類爲「銷售暨相關行業」（Sales and Related Occupations），另有三十二萬八千人屬「銷售經理」（Sales Managers）。然而，OES的調查並不包括「自營業者或非法人公司的合夥擁有者」（the self-employed, or owners in partners in unincorporated firms）。如果保守估計這些約一千四百萬的人當中，每十人就只有一人屬於銷售業，那麼總人數超過一千五百萬，大約是整體勞動力的一一%。請參見："Occupational Employment and Wages Technical Note," available at http://www.bls.gov/news.release/ocwage.tn.htm.。亦可參考：U.S. Census Bureau, *The Statistical Abstract of the United States: 2012,* 131st ed., Table 606。根據該資料，超過一六%的自營業者屬於「銷售與辦公室工作」（sales and office occupations）。勞工經濟顧問公司EMSI（Economic Modeling Specialists Intl.）也提出銷售人員人數看似下降的原因之一，在於大量人口都從傳統雇員變成獨立契約工作者（independent contractor）：「銷售工作（如同其他工作）從經濟體系中消失的程度，不像傳統『有保障的』（covered）聘雇職位那麼劇烈，相關人數勢力在一般職業資料統計沒注意到的地方一直成長。」EMSI的分析請見：http://www.economicmodeling.com/2010/09/30/the-premature-death-of-the-salesman/。

8 U.S. Census Bureau, *The Statistical Abstract of the United States: 2012,* 131st ed. See page 300, Tables 461 and 462 and page 18, Table 13. 需要留意的是，政府工作與製造工作（也就是依據產業別劃分的工作），《聘雇情

形》（*Employment Situation*）報告每個月有製表統計，而銷售工作則如前文所述，由「職業類別就業暨薪資摘要」（Occupational Employment and Wages Summary）一年統計兩次，而且是依據職業別劃分工作。

9 C. Brett Lockard and Michael Wolf, "Occupational Employment Projections to 2020," *Monthly Labor Review* 135, no. 1 (January 2012): 84–108. See page 88 and Table 1.

10 Statistics Canada, *Monthly Labour Force Survey*, "Average Hourly Wages of Employees by Selected Characteristic and Profession," April 2012, available at http://www.statcan.gc.ca/tables-tableaux/sum-som/l01/cst01/labr69a-eng.htm; Australian Bureau of Statistics, *2006 Census Tables*, Table 20680, available at http://www.censusdata.abs.gov.au/; Offi ce for (UK) National Statistics, "Labour Force Survey Employment Status by Occupation, April-June 2011," available at http://www.ons.gov.uk/ons/publications/re-reference-tables.html?edition=tcm:77-215723.

11 歐盟總就業人口數約爲兩億一千六百萬，總銷售人口約爲兩千九百萬。請見：Monika Wozowczyk and Nicola Massarelli, "European Union Labour Force Survey—Annual Results 2010," *Eurostat Statistics in Focus*, June 23, 2011; Vincent Bourgeais, Eurostat Media and Institutional Support, correspondence with author, May 17–22, 2012。

12 Japanese Ministry of Internal Affairs and Communications Statistics Bureau, *The Statistical Handbook of Japan 2011*, Table 12.3, "Employment by Occupation," available in English at http://www.stat.go.jp/english/data/handbook/c12cont.htm#cha12_1.

13 中國三六・七%的勞動力爲農業人口，印度則爲一八・一%。資料請見：*The CIA World Factbook*

(2012), available at http://1.usa.gov/2J7bUe and http://1.usa.gov/9doDpD。

14 Adi Narayan, "Welcome to India, the Land of the Drug Reps," *Bloomberg BusinessWeek*, September 8, 2011.

15 See "How Does Gallup Polling Work?" available at http://www.gallup.com/poll/101872/how-does-gallup-polling-work.aspx.

2 創業、彈性與教育／醫療保健業

1 U.S. Census Bureau, 2009, "Nonemployer Statistics," available at http://www.census.gov/econ/nonemployer.

2 Kaomi Goetz, "For Freelancers, Landing a Workspace Gets Harder," NPR, April 10, 2012, available at http://www.npr.org/2012/04/10/150286116/for-freelancerslanding-a-workspace-gets-harder.

3 Ryan Kim, "By 2020, Independent Workers Will Be a Majority," *GigaOm*, December 8, 2011, available at http://gigaom.com/2011/12/08/mbo-partnersnetwork- 2011/; Kauffman Foundation, "Young Invincibles Policy Brief: New Poll Finds More Than Half of Millennials Want to Start Businesses," November 10, 2011, available at http://www.kauffman.org/uploadedfiles/millennials_study.pdf.

4 OECD (2011), *Entrepreneurship at a Glance 2011,* OECD Publishing. Available at http://dx.doi.org/10.1787/9789264097711-en; Donna J. Kelley, Slavica Singer, and Mike Herrington, *Global Entrepreneurship Monitor 2011 Global Report* (2012), 12. Available at http://gemconsortium.org/docs/2409/gem-2011-global-report.

5 Adam Davidson, "Don't Mock the Artisanal-Pickle Makers," *New York Times Magazine*, February 15, 2012.

6 "The Return of Artisanal Employment," *Economist*, October 31, 2011. A handful of you might remember that I made a

similar argument a decade ago in Daniel H. Pink, *Free Agent Nation: The Future of Working for Yourself* (New York: Business Plus, 2002).

7 最新 Etsy 資料請見：http://www.etsy.com/press。

8 Robert Atkinson, "It's the Digital Economy, Stupid," *Fast Company,* January 8, 2009.

9 Carl Franzen, "Kickstarter Expects to Provide More Funding to the Arts Than NEA," *Talking Points Memo*, February 24, 2012, available at http://idealab.talkingpointsmemo.com/2012/02/kickstarter-expects-to-provide-more-funding-to-the-arts-than-nea.php; Carl Franzen, "NEA Weighs In on Kickstarter Funding Debate," *Talking Points Memo*, February 27, 2012, available at http:// idealab.talkingpointsmemo.com/2012/02/the-nea-responds-to-kickstarter-funding- debate.php. 不過儘管如此，Kickstarter 的失敗率很高。尋求資金的計畫約有一半未能達成目標。請見：Samantha Murphy, "About 41% of Kickstarter Projects Fail," *Mashable Tech*, June 12, 2012, available at http://mashable.com/2012/06/12/kickstarter-failures/。

10 Comments at Wired Business Conference, New York City, May 1, 2012.

11 Michael Mandel, "Where the Jobs Are: The App Economy," TechNet white paper, February 7, 2012, available at http://www.technet.org/wp-content/ uploads/2012/02/TechNet-App-Economy-Jobs-Study.pdf.

12 Michael DeGusta, "Are Smart Phones Spreading Faster Than Any Technology in Human History?" *Technology Review*, May 9, 2012.

13 "Cisco Visual Networking Index: Global Mobile Data Traffic Forecast Update, 2011–2016," February 14, 2012, available at http://www.cisco.com/en/US/ solutions/collateral/ns341/ns525/ns537/ns705/ns827/white_paper_c11-520862.pdf.

14 Dominic Basulto, “10 Billion Tiny Screens Can Change the World,” *Big Think*, February 22, 2012, available at http://bigthink.com/endless-innovation/10-billion-tiny-screens-can-change-the-world.

15 U.S. Bureau of Labor Statistics, *Occupational Outlook Handbook*, March 29, 2012, available at http://www.bls.gov/ooh/home.htm. 亦可參考：Anthony P. Carnevale, Nicole Smith, Artem Gulish, and Bennett H. Beach, “Healthcare,” a report by the Georgetown University Center on Education and the Workforce (June 21, 2012)。該報告預測至二〇二〇年，美國健康照護工作將增加二五%至三一%之間。請見：http://www.healthreformgps.org/wp-content/uploads/Healthcare.FullReport.071812.pdf。

16 “Friday Thoughts,” *White Coat Underground*, June 24, 2011, available at http:// whitecoatunderground.com/2011/06/24/friday-thoughts/.

17 Rosabeth Moss Kanter, “The ‘White Coat’ Economy of Massachusetts,” *Boston Globe*, May 9, 2006; Derek Thompson, “America 2020: Health Care Nation,” *Atlantic*, August 17, 2010, available at http://www.theatlantic.com/business/ archive/2010/08/america-2020-health-care-nation/61647/.

3 從「買方自慎」到「賣方自慎」

1 George A. Akerlof, “Writing ‘The Market for “Lemons’ ”: A Personal and Interpretive Essay,” available at http://www.nobelprize.org/nobel_prizes/ economics/laureates/2001/akerlof-article.html.

2 George A. Akerlof, “The Market for ‘Lemons’: Quality Uncertainty and the Market Mechanism,” *Quarterly Journal of Economics* 84, no. 3 (August 1970): 488–500.

3 Ibid, 489.

4 Joe Girard with Stanley H. Brown, *How to Sell Anything to Anybody* (New York: Fireside, 2006; 1977), 6.

5 Ibid., 251.

6 Ibid., 121, 173.

7 Ibid., 49–51.

8 Ibid., 53.

9 Doug Gross, "Are Social Media Making the Resume Obsolete?" CNN.com, July 11, 2012, available at http://www.cnn.com/2012/07/11/tech/social-media/ facebook-jobs-resume/index.html.

10 Fortune 500, 2012 list, available at http://money.cnn.com/magazines/fortune/ fortune500/2012/full_list/.

11 Alfred C. Fuller (as told to Hartzell Spence), *A Foot in the Door: The Life Appraisal of the Original Fuller Brush Man* (New York: McGraw-Hill, 1960), xx.

12 請見：John F. Tanner Jr., George W. Dudley, and Lawrence B. Chonko, "Salesperson Motivation and Success: Examining the Relationship Between Motivation and Sales Approach," paper presented at annual convention of the Society for Marketing Advances, San Antonio, Texas (November 2005)。

4 調頻

1 Adam D. Galinsky, Joe C. Magee, M. Ena Inesi, and Deborah H. Gruenfeld, "Power and Perspectives Not Taken," *Psychological Science* 17 (December 2006): 1068–74.

2 Ibid., 1070.

3 Ibid., 1071.

4 Britt Peterson, "Why It Matters That Our Politicians Are Rich," *Boston Globe*, February 19, 2012. See also Michael W. Kraus, Paul K. Piff, and Dacher Keltner, "Social Class as Culture: The Convergence of Resources and Rank in the Social Realm," *Current Directions in Psychological Science* 20, no. 4 (August 2011): 246–50.

5 Adam D. Galinsky, William W. Maddux, Debra Gilin, and Judith B. White, "Why It Pays to Get Inside the Head of Your Opponent: The Differential Effects of Perspective Taking and Empathy in Negotiations," *Psychological Science* 19, no. 4 (April 2008): 378–84.

6 Pauline W. Chen, "Can Doctors Learn Empathy?" *New York Times*, June 21, 2012.

7 Galinsky et al., "Why It Pays," 383.

8 簡明易懂的社交網絡分析介紹請見：Valdis Krebs, available at http://www.orgnet.com。這類主題有一本卓越的入門書：Lee Rainie and Barry Wellman, *Networked: The New Social Operating System* (Cambridge, MA: MIT Press, 2012)。

9 William W. Maddux, Elizabeth Mullen, and Adam D. Galinsky, "Chameleons Bake Bigger Pies and Take Bigger Pieces: Strategic Behavioral Mimicry Facilitates Negotiation Outcomes," *Journal of Experimental Social Psychology* 44, no. 2 (March 2008): 461–68.

10「變色龍效應係指對互動夥伴姿勢、舉止、面部表情及其他行爲的無意識模仿，個人行爲會被動與不自覺改變，配合眼前社交環境中的他人。」請見：Tanya L. Chartrand and John A. Bargh, "The Chameleon Effect: The Perception-Behavior Link and Social Interaction," *Journal of Personality and Social Psychology* 76, no. 6 (June 1999): 893–910。

11 Maddux et al., "Chameleons Bake Bigger Pies," 463.

12 Ibid., 466.

13 Ibid., 461.

14 Adrienne Murrill, "Imitation Is Best Form of Flattery—and a Good Negotiation Strategy," *Kellogg News*, August 16, 2007. Available at http://www.kellogg .northwestern.edu/news_articles/2007/aom-mimicry.aspx.

15 Rick B. van Baaren, Rob W. Holland, Bregje Steenaert, and Ad van Knippenberg, "Mimicry for Money: Behavioral Consequences of Imitation," *Journal of Experimental Social Psychology* 39, no. 4 (July 2003): 393–98.

16 Céline Jacob, Nicolas Guéguen, Angélique Martin, and Gaëlle Boulbry, "Retail Salespeople's Mimicry of Customers: Effects on Consumer Behavior," *Journal of Retailing and Consumer Services* 18, no. 5 (September 2011): 381–88.

17 Robin J. Tanner, Rosellina Ferraro, Tanya L. Chartrand, James R. Bettman, and Rick Van Baaren, "Of Chameleons and Consumption: The Impact of Mimicry on Choice and Preferences," *Journal of Consumer Research* 34 (April 2008): 754–66.

18 April H. Crusco and Christopher G. Wetzel, "The Midas Touch: The Effects of Interpersonal Touch on Restaurant Tipping," *Personality and Social Psychology Bulletin* 10, no. 4 (December 1984): 512–17; Céline Jacob and Nicolas Guéguen, "The Effect of Physical Distance Between Patrons and Servers on Tipping," *Journal of Hospitality & Tourism Research* 36, no. 1 (February 2012): 25–31.

19 Nicolas Guéguen, "Courtship Compliance: The Effect of Touch on Women's Behavior," *Social Influence* 2, no. 2 (2007): 81–97.

20 Frank N. Willis and Helen K. Hamm, "The Use of Interpersonal Touch in Securing Compliance," *Journal of Nonverbal Behavior* 5, no. 5 (September 1980): 49–55.

21 Damien Erceau and Nicolas Guéguen, "Tactile Contact and Evaluation of the Toucher," *Journal of Social Psychology* 147, no. 4 (August 2007): 441–44.

22 請見：Liam C. Kavanagh, Christopher L. Suhler, Patricia S. Churchland, and Piotr Winkielman, "When It's an Error to Mirror: The Surprising Reputational Costs of Mimicry," *Psychological Science* 22, no. 10 (October 2011): 1274–76。

23 Daniel Kahneman, Ed Diener, and Norbert Schwarz, eds., *Well-Being: The Foundations of Hedonic Psychology* (New York: Russell Sage Foundation, 1999), 218.

24 P. T. Costa Jr. and R. R. McCrae, *NEO PI-R Professional Manual* (Odessa, FL: Psychological Assessment Resources, Inc., 1992), 15; Susan Cain, *Quiet: The Power of Introverts in a World That Can't Stop Talking* (New York: Crown, 2012).

25 請見：Table 1 in Wendy S. Dunn, Michael K. Mount, Murray R. Barrick, and Deniz S. Ones, "Relative Importance of Personality and General Mental Ability in Managers' Judgments of Applicant Qualifications," *Journal of Applied Psychology* 80, no. 4 (August 1995): 500–509。

26 Adrian Furnham and Carl Fudge, "The Five Factor Model of Personality and Sales Performance," *Journal of Individual Differences* 29, no. 1 (January 2008): 11 16; Murray R. Barrick, Michael K. Mount, and Judy P. Strauss, "Conscientious-

ness and Performance of Sales Representatives: Test of the Mediating Effects of Goal Setting," *Journal of Applied Psychology* 78, no. 5 (October 1993): 715–22 (emphasis added).

27 Murray R. Barrick, Michael K. Mount, and Timothy A. Judge, "Personality and Performance at the Beginning of the New Millennium: What Do We Know and Where Do We Go Next?" *International Journal of Selection and Assessment* 9, nos. 1–2 (March–June 2001): 9–30.

28 請見：Adam M. Grant, Francesca Gino, and David A. Hofmann, "Reversing the Extraverted Leadership Advantage: The Role of Employee Proactivity," *Academy of Management Journal* 54, no. 3 (June 2011): 528–50。

29 Adam M. Grant, "Rethinking the Extraverted Sales Ideal: The Ambivert Advantage," *Psychological Science* (forthcoming, 2013).

30 H. J. Eysenck, *Readings in Extraversion and Introversion: Bearings on Basic Psychological Processes* (New York: Staples Press, 1971).

31 Grant, "Rethinking the Extraverted Sales Ideal."

32 Ibid.

33 Steve W. Martin, "Seven Personality Traits of Top Salespeople," *HBR Blog Network*, June 27, 2011, available at http://blogs.hbr.org/cs/2011/06/the_seven_personality _traits_o.html; Lynette J. Ryals and Iain Davies, "Do You Really Know Who Your Best Salespeople Are?" *Harvard Business Review*, December 2010.

34 Nate Boaz, John Murnane, and Kevin Nuffer, "The Basics of Business-to-Business Sales Success," *McKinsey Quarterly* (May 2010).

35 Cain, *Quiet: The Power of Introverts*, 166.

36 Deniz S. Ones and Stephan Dilchert, "How Special Are Executives? How Special Should Executive Selection Be? Observations and Recommendations," *Industrial and Organizational Psychology* 2, no. 2 (June 2009): 163–70.

5 浮力

1 Og Mandino, *The Greatest Salesman in the World* (New York: Bantam, 1968), 71, 87.

2 Napoleon Hill, *How to Sell Your Way Through Life* (Hoboken, NJ: Wiley, 2010), 49.

3 Ibrahim Senay, Dolores Albarracín, and Kenji Noguchi, "Motivating Goal-Directed Behavior Through Introspective Self-Talk: The Role of the Interrogative Form of Simple Future Tense," *Psychological Science* 21, no. 4 (April 2010): 499 –504.

4 Ibid., 500-501.

5 Ibid., 500.

6 尤其可參見愛德華・戴希（Edward L. Deci）及李察・萊恩（Richard M. Ryan）的研究，例如：Edward L. Deci and Richard M. Ryan, "The 'What' and 'Why' of Goal Pursuits: Human Needs and the Self-Determination of Behavior," *Psychological Inquiry* 11, no. 4 (October 2000): 227–68.。我在我的書中也有描述一部分這個研究，請見：*Drive: The Surprising Truth About What Motivates Us* (New York: Riverhead Books, 2009)。

7 Shirli Kopelman, Ashleigh Shelby Rosette, and Leigh Thompson, "The Three Faces of Eve: Strategic Displays of Positive, Negative, and Neutral Emotions in Negotiations," *Organizational Behavior and Human Decision Processes* 99, no.

1 (January 2006): 81–101.

8 Ibid.

9 Barbara L. Fredrickson, *Positivity: Top-Notch Research Reveals the 3 to 1 Ratio That Will Change Your Life* (New York: Three Rivers Press, 2009), 21.

10 Barbara L. Fredrickson and Marcial F. Losada, "Positive Affect and the Complex Dynamics of Human Flourishing," *American Psychologist* 60, no. 7 (October 2005): 678–86.

11 Cory R. Scherer and Brad J. Sagarin, "Indecent Influence: The Positive Effects of Obscenity on Persuasion," *Social Influence* 1, no. 2 (June 2006): 138–46.

12 請參見：Marcial Losada and Emily Heaphy, "The Role of Positivity and Connectivity in the Performance of Business Teams: A Nonlinear Dynamics Model," *American Behavioral Scientist* 47, no. 6 (February 2004): 740–65。

13 Fredrickson and Losada, "Positive Affect."

14 Ibid., 685.

15 Fredrickson, *Positivity*, 137.

16 Martin E. P. Seligman and Peter Schulman, "Explanatory Style as a Predictor of Productivity and Quitting Among Life Insurance Sales Agents," *Journal of Personality and Social Psychology* 50, no. 4 (April 1986): 832–38.

17 Martin E. P. Seligman, *Learned Optimism: How to Change Your Mind and Your Life* (New York: Vintage Books, 2006), 7, 8.

18 Seligman and Schulman, "Explanatory Style," 834–35.

19 Ibid., 835.

20 Seligman, *Learned Optimism,* 292.

6 釐清

1 Alicia H. Munnell, Anthony Webb, Luke Delorme, and Francesca Golub-Saas, "National Retirement Risk Index: How Much Longer Do We Need to Work?" Center for Retirement Research Report, no. 12-12 (June 2012); Teresa Ghilarducci, "Our Ridiculous Approach to Retirement," *New York Times,* July 21, 2012.

2 請參見：Shane Frederick, Nathan Novemsky, Jing Wang, Ravi Rhar, and Stephen Nowlis, "Opportunity Cost Neglect," *Journal of Consumer Research* 36 (2009): 553–61。

3 Hal E. Hershfield, Daniel G. Goldstein, William F. Sharpe, Jesse Fox, Leo Yeykelis, Laura L. Carstensen, and Jeremy N. Bailenson, "Increasing Saving Behavior Through Age-Processed Renderings of the Future Self," *Journal of Marketing Research* 48 (2011): S23–S37.

4 Hershfield et al., "Increasing Saving Behavior."

5 Ibid., citing Hal Erner-Hershfield, M. Tess Garton, Kacey Ballard, Gregory R. Samanez-Larken, and Brian Knutson, "Don't Stop Thinking About Tomorrow: Individual Differences in Future-Self Continuity Account for Saving," *Judgment and Decision Making* 4 (2009): 280–86.

6 Hershfield et al., "Increasing Saving Behavior."

7 Jacob Getzels and Mihaly Csikszentmihalyi, *The Creative Vision: A Longitudinal Study of Problem Finding in Art* (New York: Wiley, 1976); Mihaly Csikszentmihalyi and Jacob Getzels, "Creativity and Problem Finding," in Frank H. Farley

and Ronald W. Neperud, eds., *The Foundations of Aesthetics, Art, and Art Education* (New York: Praeger, 1988). 引文部分取自Csikszentmihalyi, *Flow: The Psychology of Optimal Experience* (New York: Harper Perennial, 1981), 277。

8 J. W. Getzels, "Problem Finding: A Theoretical Note," *Cognitive Science* 3 (1979): 167–72。

9 請見：Herbert A. Simon, "Creativity and Motivation: A Response to Csikszentmihalyi," *New Ideas in Psychology* 6 (1989): 177–81; Stéphanie Z. Dudek and Rémi Cote, "Problem Finding Revisited," in Mark A. Runco, ed., *Problem Finding, Problem Solving, and Creativity* (Norwood, NJ: Ablex, 1994)。

10 The Conference Board, *Ready to Innovate: Are Educators and Executives Aligned on the Creative Readiness of the U.S. Workforce?* Research Report R-1424-08-RR (October 2008), available at http://www.artsusa.org/pdf/information_services/research/policy_roundtable/readytoinnovatefull.pdf.

11 Robert B. Cialdini, *Influence: Science and Practice,* 5th ed. (Boston: Allyn & Bacon, 2009), 12–16.

12 入門介紹請見：Daniel Kahneman and Amos Tversky, "The Framing of Decisions and the Psychology of Choice," *Science* 211 (1981): 453–58; Daniel Kahneman and Amos Tversky, "Rational Choice and the Framing of Decisions," in Robin M. Hogarth and Melvin W. Reder, eds., *Rational Choice: The Contrast Between Economics and Psychology* (Chicago: University of Chicago Press, 1987); Erving Goffman, *Frame Analysis: An Essay on the Organization of Experience* (Cambridge MA: Harvard University Press, 1974)。

13 Sheena S. Iyengar and Mark R. Lepper, "When Choice Is Demotivating: Can One Desire Too Much of a Good Thing?" *Journal of Personality and Social Psychology* 79 (2000): 995–1006.

14 Aaron R. Brough and Alexander Chernev, "When Opposites Detract: Categorical Reasoning and Subtractive Valuations

of Product Combinations," *Journal of Consumer Research* 39 (August 2012): 1–16, 13.

15 Leaf Van Boven and Thomas Gilovich, "To Do or to Have? That Is the Question," *Journal of Personality and Social Psychology* 85 (2003): 1193–1202, 1194.

16 Ibid.

17 Varda Liberman, Steven M. Samuels, and Lee Ross, "The Name of the Game: Predictive Power of Reputations Versus Situational Labels in Determining Prisoner's Dilemma Game Moves," *Personality and Social Psychology Bulletin* 30 (September 2004): 1175–85.

18 Danit Ein-Gar, Baba Shiv, and Zakary L. Tormala, "When Blemishing Leads to Blossoming: The Positive Effect of Negative Information," *Journal of Consumer Research* 38 (2012): 846–59.

19 Zakary Tormala, Jayson Jia, and Michael Norton, "The Preference for Potential," *Journal of Personality and Social Psychology* 103 (October 2012): 567–83.

20 此一解釋請見：Lee Ross and Richard E. Nisbett, *The Person and the Situation* (London: Pinter & Martin, 2011), 132–33。

7 推銷

1 奧的斯生平資料與發明介紹請見：Spencer Klaw, "All Safe, Gentlemen, All Safe!" *American Heritage* 29, no. 5 (August–September 1978); PBS Online, "Who Made America?" available at http://www.pbs.org/wgbh/theymadeamerica/whomade/otis_hi.html; Otis Worldwide, "About Elevators," available at http://www.otisworldwide.com/pdf/

AboutElevators.pdf。

2 Kimberly D. Elsbach and Roderick M. Kramer, "Assessing Creativity in Hollywood Pitch Meetings: Evidence for a Dual-Process Model of Creativity Judgments," *Academy of Management Journal* 46, no. 3 (June 2003): 283–301.

3 Ibid., 294.

4 Kimberly D. Elsbach, "How to Pitch a Brilliant Idea," *Harvard Business Review* 81, no. 9 (September 2003): 117–23.

5 Elsbach and Kramer, "Assessing Creativity in Hollywood Pitch Meetings," 296.

6 "Wordy Goods," *Economist*, August 22, 2012, available at http://www.economist.com/blogs/graphicdetail/2012/08/daily-chart-5.

7 Maurice Saatchi, "The Strange Death of Modern Advertising," *Financial Times*, June 22, 2006.

8 Ibid.

9 Robert E. Burnkrant and Daniel J. Howard, "Effects of the Use of Introductory Rhetorical Questions Versus Statements on Information Processing," *Journal of Personality and Social Psychology* 47, no. 6 (December 1984): 1218–30. 相關類似的發現，請見：Richard E. Petty, John T. Cacioppo, and Martin Heesacker, " Effects of Rhetorical Questions on Persuasion: A Cognitive Response Analysis," *Journal of Personality and Social Psychology* 40, no. 3 (March 1981): 432–40。有關提問者的角色扮演，請見：Rohini Ahluwalia and Robert E. Burnkrant, "Answering Questions About Questions: A Persuasion Knowledge Perspective for Understanding the Effects of Rhetorical Questions," *Journal of Consumer Research* 31 (June 2004): 26–42。

10 Burnkrant and Howard, "Effects of the Use of Introductory Rhetorical Questions," 1224.

11 "CNN Poll: Are You Better Off Than Four Years Ago?" CNN.com, September 13, 2012, available at http://bit.ly/OKIUAy.

12 Matthew S. McGlone and Jessica Tofighbakhsh, "Birds of a Feather Flock Conjointly (?): Rhyme as Reason in Aphorisms," *Psychological Science* 11, no. 5 (September 2000): 424–28.

13 Ibid.

14 Nicolas Ducheneaut and Victoria Bellotti, "E-mail as Habitat: An Exploration of Embedded Personal Information Management," *ACM Interactions* 8, no. 5 (September–October 2001): 30–38.

15 Jaclyn Wainer, Laura Dabbish, and Robert Kraut, "Should I Open This Email? Inbox-Level Cues, Curiosity, and Attention to Email," Proceedings of the 2011. Annual Conference on Human Factors in Computing Systems, May 7–12, 2011, Vancouver, British Columbia, available at http://kraut.hciresearch.org/sites/kraut.hciresearch.org/files/articles/Dabbish11-EmailCuriosity.pdf.

16 再一次，愛德華．戴希與李察．萊恩的里程碑作品發人深省。相關研究請見他們的論文 (http:// self-determinationtheory.org/browse-publications)或我的書：《動機：單純的力量》，*Drive: The Surprising Truth About What Motivates Us* (New York: Riverhead Books, 2009). 17. Brian Clark, "The Three Key Elements of Irresistible Email Subject Lines," *Copyblogger*, August 26, 2010, available at http://www.copyblogger.com/email-subject-lines/。

18 Melissa Korn, "Tweets, Plays Well w/Others: A Perfect M.B.A. Candidate," *Wall Street Journal*, September 1, 2011; Ian Wylie, "Learning the Game of Social Media," *Financial Times*, September 5, 2011.

19 Sarah Perez, "Twitpitch: The Elevator Pitch Hits Twitter," *ReadWriteWeb*, April 18, 2008, available at http://www.readwriteweb.com/archives/twitpitch_the_elevator_pitch_hits_twitter.php.

20 Paul André, Michael S. Bernstein, and Kurt Luther, "Who Gives a Tweet?: Evaluating Microblog Content Value," paper presented at the 2012 ACM Conference on Computer Supported Co-operative Work, February 11–15, 2012, Seattle, Washington, available at http://www.cs.cmu.edu/~pandre/pubs/whogivesatweet-cscw2012.pdf.

21 同上。我略去了「聊天」（Conversation）這個類別（推特者公開與他人的通訊），因為此一類別與推銷較不相關。

22 André, Bernstein, and Luther, "Who Gives a Tweet?" See Figure 1 and Table 1.

23 "Pixar Movies at the Box Office," Box Office Mojo, available at http:// boxoffi cemojo.com/franchises/chart/?id=pixar.htm.

24 "Pixar Story Rules (One Version)," *Pixar Touch Blog*, May 15, 2011, available at http://www.pixartouchbook.com/blog/2011/5/15/pixar-story-rules-one-version.html.

25 請見：Jonathan Gottschall, *The Storytelling Animal: How Stories Make Us Human* (New York: Houghton Mifflin Harcourt, 2012), and Peter Guber, *Tell to Win: Connect, Persuade, and Triumph with the Hidden Power of Story* (New York: Crown Business, 2011)。

8 即興

1 Walter A. Friedman, "John H. Patterson and the Sales Strategy of the National Cash Register Company, 1884 to 1922,"

Business History Review 72, no. 4 (Winter 1998): 552–84. 如果你對美國銷售人員早期的發展有興趣，可閱讀弗利德曼的經典之作：*Birth of a Salesman: The Transformation of Selling in America* (Cambridge, MA: Harvard University Press, 2004)。

2 Walter A. Friedman, "John H. Patterson and the Sales Strategy of the National Cash Register Company, 1884 to 1922," *Harvard Business School Working Knowledge*, November 2, 1999, available at http://hbswk.hbs.edu/item/1143.html.

3 "The Lord Chamberlain & Censorship," *Leither Magazine*, March 9, 2012, available at http://www.leithermagazine.com/2012/03/09/the-lord-chamberlain-censorship.html.

4 參見：Mary M. Crossan, "Improvisation in Action," *Organization Science* 9, no. 5 (September–October 1998): 593–99; Dusya Vera and Mary Crossan, "Theatrical Improvisation: Lessons for Organizations," *Organization Studies* 25, no. 5 (June 2004): 727–49; Mary M. Crossan, João Vieira da Cunha, Miguel Pina E. Cunha, and Dusya Vera, "Time and Organizational Improvisation," *FEUNL Working Paper No. 410*, 2002, available at http://dx.doi.org/10.2139/ssrn.881839; Keith Sawyer, *Group Genius: The Creative Power of Collaboration* (New York: Basic Books, 2007); Patricia Ryan Madson, *Improv Wisdom: Don't Prepare, Just Show Up* (New York: Bell Tower, 2005).

5 Zazli Lily Wisker, "The Effect of Personality, Emotional Intelligence and Social Network Characteristics on Sales Performance: The Mediating Roles of Market Intelligence Use, Adaptive Selling Behaviour and Improvisation" (doctoral thesis, University of Waikato, New Zealand, 2011).

6 Laura Janusik and Andrew Wolvin, "24 Hours in a Day: A Listening Update to the Time Studies," paper presented at the meeting of the International Listening Association, Salem, Oregon, 2006.

7 Mortimer Adler, *How to Speak/How to Listen* (New York: Touchstone, 1997), 5.

8 Judith Lee, "10 Ways to Communicate Better with Patients," *Review of Ophthalmology* 7, no. 10 (October 2000): 38.

9 Keith Johnstone, *Impro: Improvisation and the Theatre* (New York: Routledge, 1981), 99.

10 Stephen R. Covey, *The 7 Habits of Highly Effective People* (New York: Free Press, 1990), 207.

11 Alfred C. Fuller (as told to Hartzell Spence), *A Foot in the Door: The Life Appraisal of the Original Fuller Brush Man* (New York: McGraw-Hill, 1960), 193.

9 服務

1 World Health Organization, *Global Status Report on Road Safety*, 2009, available at http://whqlibdoc.who.int/publications/2009/9789241563840_eng.pdf. See Table A.2.

2 Ibid., 1, 2. See Table 1.

3 James Habyarimana and William Jack, "Heckle and Chide: Results of a Randomized Road Safety Intervention in Kenya," *Journal of Public Economics* 95, nos. 11–12 (December 2011): 1438–46.

4 Ibid., 441.

5 Ibid., 444.

6 Yehonatan Turner and Irith Hadas-Halpern, "The Effects of Including a Patient's Photograph to the Radiographic Examination," paper presented at Radiological Society of North America Ninety-fourth Scientifi c Assembly and Annual Meeting, December 3, 2008. 亦可參見：“Patient Photos Spur Radiologist Empathy and Eye for Detail," RSNA Press

Release, December 2, 2008; Dina Kraft, "Radiologist Adds a Human Touch: Photos," *New York Times*, April 7, 2009。

7 Turner and Hadas-Halpern, "The Effects of Including a Patient's Photograph."

8 "Patient Photos Spur Radiologist Empathy and Eye for Detail," *ScienceDaily*, December 14, 2008, available at http://bit.ly/JbbEQt.

9 參見：Atul Gawande, *The Checklist Manifesto: How to Get Things Right* (New York: Picador, 2011)。

10 請見："Disconnection from Patients and Care Providers: A Latent Error in Pathology and Laboratory Medicine: An Interview with Stephen Raab, MD," *Clinical Laboratory News* 35, no. 4 (April 2009)。

11 Sally Herships, "The Power of a Simple 'Thank You,'" *Marketplace Radio*, December 22, 2010.

12 R. Douglas Scott II, *The Direct Medical Costs of Healthcare-Associated Infections in U.S. Hospitals and the Benefits of Prevention*, Centers for Disease Control and Prevention, March 2009, available at http://www.cdc.gov/HAI/pdfs/hai/Scott _CostPaper.pdf; Andrew Pollack, "Rising Threat of Infections Unfazed by Antibiotics," *New York Times*, February 26, 2010; R. Monina Klevens et al., "Estimating Health Care –Associated Infections and Deaths in U.S. Hospitals, 2002," *Public Health Reports* 122, no. 2 (March–April 2007): 160–66.

13 Adam M. Grant and David A. Hofmann, "It's Not All About Me: Motivating Hand Hygiene Among Health Care Professionals by Focusing on Patients," *Psychological Science* 22, no. 12 (December 2011): 1494–99.

14 Ibid., 497.

15 Atul Gawande, "The Checklist," *New Yorker*, December 10, 2007; Gawande, *The Checklist Manifesto: How to Get Things Done Right* (New York: Picador, 2011).

16 Grant and Hofmann, "It's Not All About Me," 498.

17 請見：Dan Ariely, Anat Bracha, and Stephan Meier, "Doing Good or Doing Well? Image Motivation and Monetary Incentives in Behaving Prosocially," *American Economic Review* 99, no. 1 (March 2009): 544–55; Stephan Meier, *The Economics of Non-Selfish Behaviour: Decisions to Contribute Money to Public Goods* (Cheltenham, UK: Edward Elgar Publishing Limited, 2006); Stephan Meier, "A Survey of Economic Theories and Field Evidence on Pro-Social Behavior," in Bruno S. Frey and Alois Stutzer, eds., *Economics and Psychology: A Promising New Cross-Disciplinary Field* (Cambridge, MA: MIT Press, 2007), 51–88。

18 Laurel Evans, Gregory R. Maio, Adam Corner, Carl J. Hodgetts, Sameera Ahmed, and Ulrike Hahn, "Self-Interest and Pro-Environmental Behaviour," *Nature Climate Change*, published online August 12, 2012, available at http://dx.doi.org/10.1038/nclimate1662.

19 Adam M. Grant, "The Significance of Task Significance: Job Performance Effects, Relational Mechanisms, and Boundary Conditions," *Journal of Applied Psychology* 93, no. 1 (2008): 108–24.

20 Robert K. Greenleaf, *Servant Leadership: A Journey into the Nature of Legitimate Power and Greatness, 25th Anniversary Edition* (Mahwah, NJ: Paulist Press, 2002), 27.

21 Ibid.

22 Alfred C. Fuller (as told to Hartzell Spence), *A Foot in the Door: The Life Appraisal of the Original Fuller Brush Man* (New York: McGraw-Hill, 1960), 87.

國家圖書館出版品預行編目資料

未來在等待的銷售人才／Daniel H. Pink著；許恬寧譯.
-- 初版. -- 臺北市：大塊文化，2013.04
面；　公分. --（from；89）
譯自：To sell is human : the surprising truth about moving others
ISBN 978-986-213-428-3（平裝）

1. 說服　2. 銷售

177　　102003733

LOCUS

LOCUS

LOCUS

LOCUS